Choisir de vivre

Mathilde Daudet

Choisir de vivre

carnetsnord

12, villa Cœur-de-Vey, 75014 Paris
www.carnetsnord.fr
ISBN 978-2-35536-194-4

« Non, les sexes n'expriment qu'un emboîtement d'organes nécessaires à la jonction fécondante. »

GEORGE SAND, *Lettre à un ami*, 20 août 1872.

« L'homme et la femme sont semblables, ils ne diffèrent que par l'éducation. »

GEORGE SAND, *Lettre à Henri Fabre*.

Introduction

C'est l'histoire d'une personne à la fois homme et femme, deux héros qui n'en sont qu'un. L'histoire d'une libération, celle d'une captive enfermée par la norme. L'histoire du passage d'une frontière sacrée.

Officiellement, je suis née garçon avec une verge et des testicules entre les jambes. J'étais du genre masculin, car j'avais un sexe d'homme. Plus tard, mais assez précocement, j'ai observé que ce pénis pouvait grandir et se durcir. Dans cet état second mon jeune *fascinus* pouvait m'apporter un plaisir violent et inimitable. Mes parents m'ont élevée en tant que garçon, avec tout l'homomorphisme qui va de pair. Les jeux violents, le courage inutile, les risques stupides, la résistance à la douleur, toute la panoplie de l'*homo erectus* me fut apprise, tout le conditionnement et le formatage de mon cerveau allèrent dans ce sens.

On m'éleva aussi dans la religion catholique. Comme toutes les monothéistes, la mienne avait pour Dieu un homme. Mon père, dont la foi était immense, était sûr de sa vérité. Il ne se posait donc pas de question quant à son enseignement. Il nous fallait croire et comme il me l'a souvent dit, pour couper court à mes questions : « Il y a des écrivains, des philosophes tellement plus intelligents que nous, qui ont résolu ces problèmes que tu te poses... Pourquoi réinventer le marteau à chaque fois que l'on veut planter un clou ? » J'ai donc grandi comme un homme bien que je me sente femme depuis que j'ai cinq ans. C'était ainsi, ce n'était pas mon choix, c'était la Vérité confortée par des textes saints et donc irréfutables.

Mais la vie passe et les chemins difficiles qu'elle emprunte font douter des certitudes enseignées, modifient les comportements. À la longue, le geôlier va baisser sa garde et, remords aidant, va laisser sa place à celle qui, pendant plus de cinquante ans, est restée enfermée, condamnée par la loi morale du genre. De sa prison vivante, elle va lui montrer les contradictions qu'il ne veut pas voir. Rebelle, elle le poussera au bout de ses dogmes, jusqu'à ce qu'il les renie, au point de disparaître.

Ce texte est un témoignage qui prouve que l'on peut retrouver le bonheur de vivre, malgré l'impossibilité apparente du défi. Peut-être aussi qu'avec un tel récit, je pourrai faire comprendre que la normalité du genre humain n'est pas aussi simple que les vieux livres sacrés la décrivaient. « La seule normalité des hommes c'est qu'ils sont tous différents », m'a dit un ami médecin. Je le crois et j'en témoigne.

Parler de moi ne fait pas partie des choses que j'aime mais je le fais pour deux raisons. D'abord pour celles et ceux qui se sentent prisonniers de leur propre corps, parce que c'est le livre d'un passage réussi, et puis j'ai aussi l'espérance de lever une partie du voile sur un tabou important de notre société, et d'entrouvrir les esprits les plus fermés.

Choisir de vivre est un récit romancé, il donne une vie réelle aux deux êtres qui m'habitaient. Il raconte leurs vies séparées pourtant si intimement mêlées.

1

Le jour s'infiltrait entre les volets un peu disjoints. L'été arrivait et la lumière qui se faufilait entre les deux panneaux de bois gauchis était déjà vive et blanche malgré l'heure matinale. Thérèse, ses cheveux bouclés étalés sur l'oreiller, ne se sentait pas en forme. Cette sensation-là, elle la connaissait bien, car elle avait déjà mis au monde trois enfants, dont un premier né, mort après seulement quelques heures de vie. La petite dernière avait à peine neuf mois. « Non, pas encore », soupira-t-elle. À côté d'elle son mari, la respiration sifflante, dormait encore. Là-bas dans la chambre, la toux d'un enfant la fit se lever. « Saloperie de tabac », chuchota-t-elle en quittant le lit.

Les tests effectués au laboratoire confirmèrent la sensation de la veille. Elle était bien enceinte et ce depuis trois mois. Les résultats du labo à la main, elle dut attendre que son médecin de mari sorte de son cabinet, raccompagnant un client vers la sortie, pour lui annoncer la nouvelle.

« Merci, ma chérie, pour cette grande joie que tu me donnes à nouveau. »

Il l'embrassa sur le front, puis lâchant ses mains et regardant vers le ciel, il ajouta « *Deo gratias* » avant de se diriger vers la porte de la salle d'attente.

Thérèse était fille de grands bourgeois parisiens. Elle avait grandi dans le 7e arrondissement puis dans le 16e. Elle n'avait manqué de rien. Sixième enfant de la famille, elle avait été élevée suivant les règles immuables et usées de la bourgeoisie de l'époque, jusqu'à ce que la guerre lui donnât une émancipation inattendue. Infirmière, elle rencontra François, un jeune médecin envoyé comme elle à Kaiserslautern, pour soigner et rapatrier les blessés de l'Allemagne vers la France.

La mère de Thérèse était une très belle femme originaire des Ardennes, qui s'occupait de sa maison et de ses sept enfants, avec l'aide de ses domestiques. Son père, héros de la guerre de 14-18, était ingénieur et dirigeait une école renommée dans le 7e arrondissement. Aisés, les parents de Thérèse avaient acquis une maison en Bourgogne, où ils passaient l'été. Cette maison de famille était si grande que, dès l'entrée du village, sa façade longue de près de cinquante mètres en imposait. Au bourg, on en parlait comme du « château ». Un étage, un grenier et une cave faisaient le délice des adolescents en mal de mystères et de sensations fortes, tandis qu'un parc gigantesque avec ses deux pièces d'eau donnait aux enfants l'impression de pouvoir découvrir des chemins inconnus. La maison était suffisamment grande pour que toutes les branches de la famille aient chacune au moins deux chambres. Les jours de pluie, les grands initiaient les petits aux joies de la bicyclette en salle. La longueur des couloirs permettait d'atteindre une sérieuse vitesse « gage de la stabilité de l'engin ». Ainsi formée pendant les jours pluvieux, la jeune classe pouvait se lancer dans le « tour du parc » qui commençait par une grande descente terminée par un petit pont qui franchissait la première pièce d'eau. Après, le parcours était facile car le chemin suivait de très près les bords de Seine.

« Ne vous approchez pas du bord, les berges sont creuses. »

En décembre, Thérèse avait accouché de jumeaux, un garçon et une fille : Thierry et Mathilde. Pour se simplifier la vie et garder du temps pour l'aînée à la santé fragile, elle décida que les jumeaux ne faisaient qu'un, rationalisant les tâches : biberons, changes, soins. Le gain de temps était considérable et c'était un peu comme si elle n'avait que trois enfants. Thierry et Mathilde ne posaient pas de vrais problèmes. C'était ce qu'on appelle des enfants sans histoire, buvant, dormant en une parfaite synchronisation harmonieuse.

Quatre années avaient passé. Les jumeaux allaient maintenant à l'école, tout comme les aînés Jean-Louis et Catherine. Bien que trop jeunes officiellement, Thérèse les y avait inscrits, après avoir demandé une dérogation. Car son ventre s'arrondissait encore et elle espérait que les heures d'école des enfants lui donneraient un peu de répit. C'est vrai que François, son mari, ne s'impliquait pas vraiment dans la vie de la famille. Il supervisait, donnant des avis qui ressemblaient à des ordres, des exigences à peine voilées.

Il faut dire que son père Léon, lui-même fils d'Alphonse, écrivain à succès, était le patron d'un mouvement politique musclé. Dernier défenseur de l'Ancien Régime, Léon appliquait au sein de sa famille des règles monarchiques. Le prince héritier, frère aîné de François et pourtant bien jeune, faisait son apprentissage du noble métier, soutenant son père de manière inconditionnelle. De sa propre initiative, pour briller aux yeux du régnant, il faisait même de « l'espionnage » chez les ennemis politiques de son roi. À 14 ans, ce jeune militant fut assassiné d'une balle dans la tête, par ces mêmes ennemis qui l'avaient facilement démasqué. La loi salique s'appliqua alors et François, seulement âgé de 8 ans, fut promu dauphin, à sa grande surprise. Un peu négligé par rapport au frère disparu, il était alors lui aussi bien jeune. Très lié avec sa sœur, ils formaient naturellement le groupe des « petits ». Mais succession oblige, il dut assurer la continuité. L'adoubement eut lieu en douceur au cours d'une formation accélérée, mélange de religion et de politique, une transmission des valeurs paternelles. Souvent les petits discutaient entre eux. Claire, la jeune sœur soutenait son frère, peu enthousiasmé pour le rôle qu'on lui réservait. Le temps passa et le paysage politique se modifia.

Les idées neuves, avec le temps, perdent de leur brillance. Les tribuns aussi se départissent de leur force de conviction. L'image du chef jaunit, et seuls les souvenirs d'un passé récent redonnèrent de la flamme au regard souverain de la vieille statue. Malgré ses efforts pour prévenir son pays de la guerre, celle-ci arriva, Léon toutefois ne connut pas la défaite car il mourut au milieu du conflit. Il laissa son fils aux commandes d'un navire sans gouvernail.

Destin partagé par de nombreux Français, la guerre de François ressembla surtout à une retraite et à un camp de prisonniers. Plus tard, l'arrivée des Américains lui permit d'exercer ses talents de médecin dans l'Allemagne défaite. C'est là qu'il rencontra Thérèse, jeune infirmière amoureuse de l'action, qui suivait ses blessés depuis leur évacuation jusqu'à leur destination finale, toujours prête à partir pour partout. La guerre finie, les deux jeunes gens rentrèrent chez eux et se marièrent.

L'arrivée de ce cinquième enfant, nommé François comme son père, ne changea pas grand-chose dans la vie du clan. Mais comme la 2 CV familiale devenait trop petite pour les déplacements en famille, François décida que désormais il prendrait le train pour rejoindre sa tribu en vacances. Ce « sacrifice » laissait à Thérèse le soin de conduire son fier attelage jusque dans le Midi. C'était une course de douze à quatorze heures, parfois seize, suivant l'encombrement de la route. Les vacances se passaient en deux temps, en deux lieux. En premier, la Bourgogne, pour éviter le mois d'août vraiment étouffant dans le Sud. Le château était tenu par deux domestiques. Un jardinier bizarrement nommé Marie, et une cuisinière, bonne à tout faire, Odile. Odile passait une partie de son temps penchée sur ses fourneaux, alimentant en bois cette véritable chaudière de locomotive. La gueule burinée par la chaleur, elle manipulait vivement les anneaux de fonte concentriques avec une sorte de pique-feu, ouvrant ou fermant les trous pratiqués dans la plaque de cuisson. Libérant à son gré la puissance de feu souhaitée, dans un grand vacarme de fonte choquée, elle pouvait ainsi saisir, mijoter ou maintenir au chaud. Odile était serviable et courageuse, et sauf pour ses baisers qui piquaient un peu, les enfants l'adoraient. Outre la cuisine, elle était aussi en charge de la lessive. La bassine grise qui accueillait le linge des familles était monstrueuse. On la chargeait en eau et en linge sale au sol, puis on lui fixait son « champignon » chargé de faire circuler l'eau de bas en haut. Dans un épaulé-jeté digne d'une professionnelle, Odile hissait puis déposait avec force la lourde lessiveuse sur le plus grand des trous ouverts sur le feu de l'enfer. Bientôt, on entendait le chuintement puis le sifflement de l'eau monter dans le « champignon ». Il était temps de réduire la puissance, pour laisser bouillir. Ainsi lavé puis rincé dans la Seine, le linge était alors accroché pour sécher à l'air libre.

Madame avait un œil sur tout, surveillait tout. « Pas question que, si les fruits du potager sont mûrs, ils ne figurent pas dans le compotier au moment du dessert. » Madame était sévère mais juste et se faisait respecter sans aucune démonstration d'autorité. Elle distribuait les produits de première nécessité : huile, café, sucre, etc. La dose devait faire la semaine et Madame faisait grande confiance à ses domestiques car dans d'autres maisons, la dose était seulement journalière.

Un jour, les jumeaux regardaient la grosse Odile en train d'étendre le linge. Elle l'avait rincé dans la rivière malgré une eau rarement au-dessus de 15 °C. Ces écarts de température lui avaient fait des mains rouges, craquelées et ses doigts gonflés laissaient à peine apercevoir une alliance, qu'on ne pourrait plus retirer qu'en la coupant. À contre-jour, le linge qui flottait dans le vent fascinait les jumeaux.

« J'aimerais bien, moi aussi, avoir une robe couleur ivoire, on dirait une robe de princesse ! »

Le souhait de Mathilde ressemblait à un ordre et Thierry se crut obligé de s'y soumettre. « La robe », qui n'était qu'une combinaison en soie beige de sa grand-mère, emportée par le vent en rafales, ne se laissa pas capturer facilement. Après plusieurs sauts infructueux, Thierry arriva à saisir la dentelle qui ornait le bas de la « robe ». Doucement, il tira sur l'étoffe fragile. Là-haut les pinces de bois bougèrent, mais résistèrent. Le fil lui-même se tendit dangereusement. Soudain, sur une traction plus forte, la soie se décrocha et Thierry se retrouva recouvert par son larcin. Vite, il roula le précieux vêtement et le glissa dans son pantalon. Remontant la grande allée, terrorisé à l'idée d'être surpris, l'enfant arriva enfin au château. Il rentra par la cuisine, il chaparda un sac en papier et monta se mettre à l'abri dans les « cabinets », comme on les appelait à cette époque. Sortant le vêtement de son pantalon, il le plia soigneusement, le replaça dans le sac puis, montant sur la lunette des toilettes, il le cacha derrière le réservoir d'eau. En bas, sa sœur l'attendait. Elle savait maintenant où était la précieuse robe.

Ce soir-là, le repas traîna un peu. Les « maris » étaient là. C'était le week-end et les couples s'attardaient devant les reliefs du dîner. Les jumeaux étaient restés à table eux aussi, malgré l'appel des cousins qui étaient allés jouer. Ce fut seulement vers 23 heures que le baiser maternel mit fin à la journée.

Dans le noir, les jumeaux parlent tout doucement.

« Tu crois qu'ils vont se coucher tard ?

— Je sais pas mais il ne faut pas dormir. »

Pourtant le sommeil les gagne. Ils ferment les yeux et sombrent malgré eux. Quand Thierry se réveille, il n'y a plus un seul bruit. Tout le monde semble assoupi. Il met un doigt devant sa bouche pour imposer le silence à sa sœur.

« Viens, c'est bon. »

Les deux enfants courent sur la pointe des pieds dans le couloir immense. Ils arrivent jusqu'à la porte des cabinets.

Thierry récupère *la* robe et la montre à sa sœur en la plaçant devant lui. Après, avec une lenteur princière, c'est la descente de l'escalier géant. La combinaison est bien trop longue mais c'est normal, « c'est la traîne qui est longue ». Mathilde maintient le devant levé comme elle l'a vu faire dans les images sophistiquées de *Jours de France* qu'elle admire souvent avec son frère. Elle est aux anges et ne cesse de monter et de descendre les marches.

Les enfants vivent dans leur rêve de Cendrillon à la lueur de la lune. Soudain, la grosse lanterne accrochée dans l'escalier s'allume et les éblouit. C'est Daniel, un oncle qui est resté dans la bibliothèque pour lire et qui hausse la voix, surpris lui aussi :

« Mais qu'est-ce que tu fais ? C'est quoi ce déguisement ? »

Mathilde le regarde.

« C'est une robe de princesse, c'est pas un déguisement.

— Alors tu es une princesse ? Viens me montrer comme tu es belle. »

Thierry est dans l'ombre, l'oncle ne l'a pas vu. Sur la pointe de ses pieds nus, il remonte vite dans son lit et se cache entre les draps. Plus tard, quand Mathilde revient à son tour dans la chambre, elle dit :

« Il faudra rendre la robe et il faudra jamais parler de ça, jamais, même pas dire que l'oncle Daniel nous a vus, sinon on ira en enfer… c'est sûr. »

Elle a du mal à reprendre son souffle, elle essuie ses larmes.

« Promets-le-moi ! Non, jure-le, sur la tête du petit Jésus, plus jamais il faudra parler de ça ! »

Tendant la main vers le noir, il jure :

« Jamais ! Sur la tête du petit Jésus. »

La 2 CV est bien chargée, un peu tassée sur ses roues arrière.

« Allez, les enfants, on embarque. »

Il faut alors dire au revoir à chacun. Quand Mathilde arrive devant son oncle Daniel pour le saluer, il l'embrasse et, profitant de son baiser, lui rappelle au creux de son oreille :

« C'est un secret, tu n'oublies pas ? »

Elle le regarde gravement : « Non je ne dirai rien, j'ai juré. »

La deuxième partie des vacances commence. Cette fois la famille migre vers le Sud.

Journal

Ça y est on est enfin en vacances. On est arrivés hier. Maman était fatiguée par la route qui « tournicotait » tout le temps. Quand on a vu le château à droite, on a tous crié, et maman nous a dit d'arrêter parce qu'elle avait mal à la tête. Quand on a passé la grille, Marie le jardinier – c'est un garçon qui a un prénom de fille – a retiré son chapeau et puis il l'a chiffonné dans sa main en s'inclinant. Maman a fait ronfler très fort le moteur de la voiture, pour monter la côte qui mène à la maison. Marie qui nous avait suivis en courant, a déchargé les valises et les a montées dans nos chambres. Toute la famille le talonnait car on avait hâte de se changer, pour aller rejoindre les cousins qui jouaient déjà dans le parc.

À peine en tenue de vacances, nous redescendons par le grand escalier. Jean-Louis nous double en glissant sur la rampe. En bas, maman le gronde et l'envoie vers la cuisine pour le goûter. Odile nous embrasse de son baiser piquant et nous donne le pain et le chocolat. Après on est parti en courant vers le parc. Sur la pièce d'eau, Patrick, un cousin, est en train de mettre un canoë à l'eau. Jean-Louis s'arrête pour l'aider.

« Jean-Louis, tu sais qu'on n'a pas le droit, si on n'a pas un grand avec nous. »

De la main, Jean-Louis me fait signe d'aller plus loin. Au bout de l'allée, je retrouve mes cousines qui regardent leur frère en train d'installer un moulin, fidèle copie de celui qui fait tourner la scierie du château. Joëlle est couchée dans l'herbe, le menton posé sur ses mains, elle observe l'installation. Je me couche à côté d'elle et je regarde à mon tour. Joëlle a deux ans de moins que moi mais nous sommes toujours en tandem pendant les vacances. Nous avons passé l'après-midi ensemble. Le père de Joëlle, l'oncle Daniel, est comme le mien, très sévère. Alors on se raconte nos résistances mutuelles et nos victoires sur l'autorité. Le lendemain au petit déjeuner, je retrouve ma cousine à la table de la salle à manger. Odile est en train de lui nouer sa serviette autour du cou.

« Avec la jolie robe que tu as, il faut faire attention aux taches », dit-elle en finissant de nouer la serviette. Elle a une très jolie robe ce matin, car nous sommes dimanche.

Moi je suis habillée comme d'habitude avec un short un peu grand, mais comme dit maman : « Comme tu es toujours en train de te salir, ce n'est pas la peine de t'habiller autrement. » Maman et ma grand-mère me traitent souvent de Poulbot. Un peu jalouse de la robe de ma cousine, je demande à maman si elle pourrait m'en faire une comme celle-ci. Elle éclate de rire et me regarde en souriant :

« Allez, ne dis donc pas de bêtises », puis élevant le ton, elle appelle les enfants : « Il faut partir pour la messe, dépêchez-vous ! »

Du château, pour aller jusqu'à l'église, il faut prendre un petit chemin qui conduit à une porte couverte de mousse. Derrière, une allée de quelques mètres nous mène au parvis. À l'intérieur, maman avance dans l'allée centrale en me tenant la main. Les bancs sont alignés sur deux rangées. Vers l'avant, les deux derniers bancs possèdent des prie-Dieu recouverts de tissu. Ce sont les places réservées à la famille et je suis contente d'y avoir accès car ça ne fait pas mal aux genoux. Devant moi, après trois marches en pierre polie, une rampe qui ressemble à celle du château barre le chemin de l'autel. C'est là qu'on va s'agenouiller quand on veut communier. Moi je n'ai pas le droit car je n'ai pas encore fait ma première communion. Jean-Louis et Catherine peuvent avoir ce plaisir. Malgré mes questions, ils refusent de me dire quel goût a une hostie et comment ils font pour l'avaler « tout rond ». La seule réponse que j'obtiens est « Tu verras bien ». Les initiés ne trahissent pas le secret.

2

La maison dans le Midi était bien différente du château. Plus petite, avec une terrasse dont le sol blanc renvoyait la lumière cruelle de l'été mais réverbérait aussi sa chaleur. Fini les horizons lointains. La « villa » n'avait qu'un petit jardin, avec des buis taillés qui, en morcelant l'espace, lui donnaient de la profondeur. La frontière, au bout de cet espace, c'était le « gaudre », sorte de ravin artificiel, souvent plein de détritus peu ragoûtants, qui offrait une sortie, un passage vers l'inconnu. Heureusement il y avait la « maison des cousins ». Au cœur du massif des Alpilles, très isolé, le « mas » semblait dominer les collines alentours. Imprenable. Pour les enfants c'était un nouveau terrain d'aventures, très différent car dans une nature bien plus hostile que celle du château bourguignon ou celui de la villa. Pour atteindre ce décor de western, il fallait franchir une frontière terrible : la « route », la « nationale », celle qui emmenait vers la mer, où courageusement, la famille au grand complet se rendait de temps en temps. Cette route était un grand danger car elle frôlait le portail de la villa. Les voitures allaient vite, essayant de conserver un élan nécessaire pour attaquer le franchissement des Alpilles, le « Col ». La route passée, le chemin reprenait ses droits, bordé par des pins maritimes dont les pommes contenaient parfois de délicieux pignons. On passait devant un hospice qui accueillait les fous à la retraite et où le peintre Vincent Van Gogh avait été interné. Un clocher carré et trapu surplombait la chapelle romane. C'est là que la famille se rendait pour assister à la messe le dimanche.

Le dimanche, c'était le moment où les jumeaux étaient séparés. Thierry endossait une soutane rouge vif et un surplis blanc. Cet habit couleur de sang, proche des uniformes du clergé, lui permettait de penser qu'il risquait un peu moins l'enfer en étant le servant de l'office. Mathilde, tenue éloignée de la proximité divine, lui reprochait cette attitude mais, rien à faire, elle ne pouvait que regarder. Dans la tête des jumeaux, depuis l'épisode de la princesse interrompu par l'oncle, le plaisir était associé à l'interdit et donc au danger. Pire, Thierry en voulait un peu à sa sœur de l'avoir emmené sur ce terrain risqué. Servir la messe permettait au jeune garçon de se racheter et de ne pas être condamné pour péché mortel, il en était convaincu. Mathilde avait beau expliquer à son frère que cette histoire était ancienne et que l'oncle ne dirait jamais rien si tout le monde respectait son serment, il faisait semblant de ne pas la croire. Il aimait entendre à nouveau cette aventure qu'il connaissait déjà.

« Qu'est-ce qu'il t'a dit, l'oncle Daniel ? »

Mathilde détournait la tête.

« Rien, on a juré de ne plus jamais en parler. »

Thierry insistait, il voulait son histoire.

« Il n'a pas donné de fessée ?

— Mais non, il ne m'a pas frappée. Il m'a dit que j'étais très belle… comme une vraie princesse… que ma robe était magnifique et douce contre la peau… Il m'a demandé de m'asseoir sur ses genoux et puis il m'a embrassée sur les oreilles et dans le cou et puis il répétait tout le temps "ma princesse, ma princesse", sa main chiffonnait ma robe pendant qu'il me caressait la cuisse… Mais tu as juré sur le petit Jésus. »

Mathilde avait deux larmes qui descendaient le long de ses joues.

« D'accord, on n'en parlera plus jamais. »

Bien que l'éducation de Thierry ait été confiée aux bons pères d'une école catholique, ses parents, probablement inquiets d'une libido exacerbée, ont décidé de renforcer le contrôle moral sur ce jeune garçon précoce, qu'ils pensent très influençable. On lui donne donc un directeur de conscience compétent : l'ancien exorciste de Notre-Dame de Paris. Après la confession hebdomadaire pendant laquelle, succombant sous le flot des questions inquisitrices, Thierry avoue les plaisirs pris dans la semaine, l'abbé lui raconte gentiment, dans un but pédagogique, presque comme une récompense, les exorcismes auxquels il a participé, rappelant dans le même temps ce qu'est un péché mortel, dont le plus connu et le plus dangereux est le péché de chair en solitaire : la masturbation. Peu à peu, l'angoisse s'installe dans l'esprit de Thierry malgré les discours rassurants de sa jumelle.

« Mais tu ne peux pas comprendre, toi », lui répond Thierry, jaloux de cette impossibilité supposée de sa sœur, de pécher par ce membre qui exige toujours plus.

***

Pour prendre la suite du grand quotidien monté, financé et dirigé par son père Léon, François a décidé avec sa sœur qu'il leur fallait à leur tour posséder un organe de presse qui servirait à la diffusion des idées familiales. La revue, mensuelle, se présente sous la forme d'un demi-format. Sur la couverture lie-de-vin s'affiche le titre *Les Libertés*. Dessous, en petits caractères, on peut lire le sommaire et les signatures des auteurs, enfin en haut à droite, en caractères gras, le prix : 200 francs. Cette revue s'affiche clairement à droite et se retrouve dans le collimateur des distributeurs de presse, traditionnellement de gauche. On doit donc faire appel à des entreprises différentes et plus chères.

Malgré des signatures célèbres, le succès des *Libertés* n'est pas au rendez-vous, François et sa sœur décident donc d'en réduire le coût, pour pouvoir tenir. On supprime la couverture épaisse, on réduit la revue à seize pages et on prend en charge une partie de la fabrication. Les lignes des épreuves sont comptées et les coupes sont marquées par la famille, réunie dans le bureau paternel transformé pour un soir en salle de presse. Les enfants, sentant l'importance de leur mission, comptent, recomptent et vérifient soigneusement le calibrage des pages dont ils ont la charge. Pour la distribution, les points de vente ne seront plus que parisiens et, puisque personne ne veut s'en charger, ce sera Thérèse qui, à bord de la 2 CV familiale, fera le tour des kiosques pour déposer la « dernière » et ramasser la précédente.

Malgré ces décisions, *Les Libertés* ne trouvent plus leur lectorat et les piles ficelées, emportées par Thérèse, ont malheureusement la même hauteur que celles qu'elle rapporte à la maison. La mort dans l'âme, après une longue et onéreuse résistance, les héritiers de la pensée paternelle décident d'interrompre la publication.

Pour François père, la morale et la religion ne sont qu'un. Son grand-père Alphonse, homme de lettres célèbre, avait eu une vie de débauche, trompant souvent sa femme sans retenue, et finissant même par être atteint de la syphilis, qui allait le tuer dans d'atroces souffrances. Son père Léon, qui avait décidé d'être médecin, n'était pas non plus un modèle, ni de fidélité ni de sobriété sexuelle. Ayant rencontré un intellectuel de droite, il avait été séduit par ses idées monarchistes. Sa deuxième femme, monarchiste elle aussi mais surtout rigoureusement conservatrice et croyante, avait transformé cet homme et avait apporté rigueur et foi dans sa vie privée.

François, probablement pour expier les fautes de son père ou de son grand-père, est devenu une sorte de mystique. Il part en retraite une fois par an chez des moines traditionalistes pour se refaire une santé morale. Il souffre de ne pas être à la hauteur de ce qu'il aurait dû être, dans l'accomplissement de la mission paternelle. Il ne comprend pas que les temps et les idées ont changé, il croit toujours au bien universel, immuable, et s'accroche à des valeurs inoxydables. Ce père mystique impressionne ses enfants et même son épouse. Personne n'ose parler contre lui. À genoux, prosterné sur son prie-Dieu, l'expiation permanente de ses fautes se traduit par un visage plein de souffrances et de tortures invisibles, preuves pour les enfants de la réalité de sa foi. Puis vient le repas du dimanche et ses rituels, la critique presque systématique de la cuisine, les gâteaux obligatoires, et les idées assénées sans aucune discussion possible. Quand on détient le Vrai, pourquoi le mettre en doute ?

Un jour, François surprend Thierry en train de lire un ouvrage écrit par un curé « sulfureux », un jésuite, c'est tout dire. Teilhard de Chardin y développe une idée cosmique de Dieu. Le « Pourquoi lis-tu cela » est abrupt, accusateur et inquiet.

« C'est intéressant, je crois.

— Bon, lis-le si tu veux mais, dans ce cas-là, après le poison, prends aussi l'antidote. »

François sort de la chambre pour revenir rapidement avec un fascicule résumant les écrits de saint Thomas d'Aquin. C'est un moine de ses amis qui en est l'auteur. À peine est-il sorti de la chambre que Mathilde, restée le plus invisible possible tout le temps de ce dialogue tendu, s'emporte contre son père :

« Mais merde, on a quand même le droit de lire ce qu'on veut ! C'est un tyran, ce type.

— Tais-toi, Mathilde, c'est pas grave, tu sais comment il est. Si tu discutes, on va avoir un sermon qui va durer encore des heures, alors s'il te plaît, tais-toi, ne discute pas. »

Le temps a fait grandir la famille, les petits sont devenus des adolescents, les adolescents se croient des adultes. Le dernier né, François, est souvent avec les jumeaux, car c'est auprès d'eux qu'il se sent bien. Les jumeaux lui procurent un peu de folie, des occasions de bêtises et puis Mathilde aime bien s'occuper de son petit frère qui a éternellement l'aspect d'un oiseau tombé trop tôt du nid.

Les jumeaux ont 13 ans et Mathilde aime déjà aller chaparder des vêtements dans l'armoire de sa sœur ou de sa mère.

Elle aime le rouge à lèvres qu'elle utilise maladroitement. Thierry a plaisir à participer aux jeux de sa sœur, mais a toujours peur d'une intrusion inattendue. Peur et plaisir alternent donc, donnant aux jeux un piment supplémentaire. Mathilde s'habille, se déshabille, se maquille, se démaquille et rit beaucoup de la gêne souriante de son frère. Au moindre bruit de la porte d'entrée, vite il faut se débarbouiller et rendre ce qu'on a emprunté, ou aller se cacher le temps de se changer. Le mauvais souvenir de l'oncle pousse les jumeaux à dissimuler leurs jeux innocents.

3

Thierry a fait sa rentrée en sixième. Surprise cette année, le lycée est devenu mixte et pour tous ces jeunes garçons élevés dans la méfiance des femmes, voilà de quoi les intriguer et de quoi inquiéter leurs parents. Renseignements pris, seules les classes dites « pilote » seront mixtes et en aucun cas les « classiques ». Les adeptes du francais-latin-grec-maths pourront donc continuer leurs études sans subir les troubles provoqués inévitablement par ces nouvelles Ève, instigatrices à la débauche. L'avantage pour Thierry, c'est qu'il a pu amener sa jumelle pour lui montrer son lycée, sa classe, la cour de récréation, son univers. Voir certains de ces garçons qui la suivent du regard trouble Mathilde. Contente d'être venue, elle avoue à son frère qu'elle ne se sent toutefois pas à l'aise et que, maintenant qu'elle a vu, elle n'entrera plus dans le lycée, mais l'attendra à la sortie.

Le chemin du retour à la maison demande à peine quinze minutes de marche. Quand les jumeaux font route ensemble, il leur faut souvent plus d'une heure. Flânant devant les vitrines des commerçants de la rue Vavin, ils atteignent bientôt le boulevard Raspail. C'est là qu'ils s'arrêtent longuement. Le carrousel est un cabaret où se donnent des spectacles qui mettent en scène des travestis parodiques et des transsexuelles. L'entrée est protégée par une porte de bois vert foncé, doublée par un rideau de velours carmin. De chaque côté, afin de renseigner le client, des vitrines éclairées abritent les photographies du spectacle. Thierry n'en revient pas. Sur la scène, coiffée comme Marilyn Monroe, une jeune femme blonde, élancée, la taille serrée dans un corset, se déhanche de manière provocante. Des plumes géantes, blanches et scintillantes, jaillissent du bas de son dos. De chaque côté, des « boys » en haut-de-forme sont agenouillés à ses pieds. « Incroyable, murmure Thierry, je ne savais pas que c'était possible. » De l'autre côté de la porte, c'est un autre miracle. Une danseuse aux seins volumineux prend la pose. Les mains sur les hanches, la jambe droite en avant gainée d'un bas résille semble à peine toucher la scène. Dessous une annonce, *Coccinelle et Bambi réunies dans le même spectacle pour une soirée inoubliable !*

Les journées passent et le soir, on raconte les événements vécus par chacun. On doit aussi mettre au point la stratégie du jour pour annoncer les notes, bonnes et mauvaises. L'important, c'est d'anticiper sur la réaction paternelle souvent vive. Pour le père, la moyenne n'est pas satisfaisante, c'est un niveau à peine acceptable. Mathilde, qui a des difficultés en latin, est plus douée que son jumeau pour se faire aider. Thierry profite de ces traductions instantanées. Cicéron, César et Tite-Live deviennent leurs tortionnaires communs.

Malgré toutes les mises en garde paternelles, malgré les confessions préventives à son directeur de conscience, les recommandations de sa mère et celle de sa jumelle, l'apparition des filles dans son univers a semé le trouble dans l'esprit de Thierry. Pendant les récrés, il se désintéresse de ses anciens amis pour aller vers d'autres plus âgés et déjà au courant des choses de la vie. Les discussions l'intéressent mais l'excluent aussi, car Thierry ne sait rien, rien sur la sexualité, si ce n'est qu'elle est cause de plaisir et donc de péché. Il sait aussi que c'est une perte de contrôle de soi, puisque dans la famille on parle de gens intelligents qui ont perdu la tête en fréquentant telle ou telle personne. On parle d'« hommes à femmes » qui, malgré leur talent et leur intelligence supérieure, ont été pris dans les rets d'une amazone de passage.

La peur que lui inspire son père a toujours empêché Thierry de poser des questions sur le sexe ou même sur la reproduction. Ses seules connaissances sont celles qu'il a acquises en disséquant des souris. L'autre source sérieuse, ce sont les livres de médecine et d'anatomie, rangés dans le bureau paternel. Dans ceux-là, rien de bien joyeux et les orchites et toutes les autres « ites » ne renseignent guère le jeune garçon ; elles ne font que l'inquiéter. Un jour, père et fils partent ensemble pour aller acheter des cigarettes. Sur le chemin, le père interroge soudain :

« Sais-tu comment on fait les enfants ? » Le ton n'est pas badin, c'est grave. Le père s'est arrêté de marcher et regarde son fils qui, relevant la tête, avoue sa parfaite connaissance du sujet : « Oui, oui ! Je sais tout. » Un sourire éclaire alors le visage du père :

« On ne t'a pas dit de bêtise, au moins ?

— Non, non, pas de problème. » Ce mensonge est libératoire et rassurant pour le père comme pour le fils. Thierry veut profiter de ce rare moment de détente et confesse inquiet que, quelquefois, quand il prend l'autobus pour le lycée, des hommes le regardent et lui sourient bizarrement.

« Tu sais, papa, certains montent même avec moi et se collent à moi.

— La prochaine fois, tu ne dois pas hésiter, crie fort s'ils recommencent. Ce sont des lâches et surtout des pervers. Ils refusent le plaisir associé à la procréation, œuvre de Dieu, et pratiquent le plaisir seul, œuvre du démon. Ce bonheur, celui de la reproduction, est le plus grand que l'on puisse avoir, c'est bien une preuve que Dieu existe, non ? »

Confirmation pour Thierry, si besoin était, que ses déviances l'emmènent tout droit en enfer, malgré les démentis de sa sœur. Soulagés par cette conversation, le père et le fils vont prendre un verre.

« Que veux-tu ?

— Une bière.

— Tu es sûr ?

— Oui ! » Prétendument initié aux savoirs des adultes, Thierry peut maintenant boire une boisson d'homme. L'amertume glacée qui se répand dans sa bouche n'est pas vraiment agréable mais il n'en laisse rien paraître car il sait que son père l'observe.

La famille vit depuis toujours dans un immeuble du 7e arrondissement, non loin du boulevard Saint-Germain. L'appartement, situé au premier étage, donne à la fois sur rue et sur cour. Au rez-de-chaussée, il y a une cuisine de vingt-cinq mètres carrés et une arrière-cuisine de la même taille qui abrite la chaudière, où l'on stocke le charbon et où se trouve aussi… la buanderie ! Les deux étages sont reliés par un monte-plat qui se hisse à la main et dont l'ascension est aidée par un contrepoids rouillé. Cette disposition sur deux niveaux oblige à employer une cuisinière et une femme de chambre. Quand Thérèse et François reçoivent, une sonnette située sous le pied de Madame permet d'appeler la bonne en toute discrétion.

On vit donc bien mais au-dessus de ses moyens. Si les revenus du célèbre aïeul suffisaient plus que largement à faire vivre sa maison, les dépenses un peu folles de Léon, qui a investi sans compter dans le sauvetage de la France, ont entamé sérieusement le magot. En 1960, les droits d'auteur cessent d'être perçus, les éditeurs reprennent la totalité des recettes sur les œuvres du grand-père. Pour la famille, c'est une diminution de revenu des trois quarts. Les revenus du cabinet médical doivent passer de source d'appoint à ressource principale. Impossible ! La plupart des clients sont des gens ruinés ou bien des sympathisants richissimes du mouvement politique... et on ne peut décemment pas les faire payer. Le père se voit donc dans l'obligation de chercher un emploi complémentaire, comme médecin du travail dans une chaîne de supermarché. Ainsi le voilà parti, trois fois par semaine, avec la 2 CV dans des provinces tristes comme une banlieue sous la pluie. Au cours de ces visites où l'entreprise s'assure surtout que vous allez bien et que vous êtes rentable, le père fait de son mieux et passe trop de temps pour des visites de contrôle. À l'occasion de ces déplacements, il découvre le peuple, celui que son tribun de père voulait défendre sans le connaître. Il comprend bientôt la vie de ces femmes, caissières ou vendeuses, déprimées, épuisées de fatigue, qui ajoutent à leur temps de travail celui des trajets de plus de trois heures par jour, pour un salaire bien maigre. Le père s'en émeut souvent, et raconte parfois au dîner les difficultés de ces femmes. Pour compléter ce petit salaire, il devient aussi expert en ergonomie pour le ministère de la Défense nationale.

Un peu remise à flot, la famille a dû pourtant réduire la voilure et les domestiques ont été licenciés. Thérèse est en charge de la maison dans sa totalité. Élevé avec la sacro-sainte règle « on ne parle pas d'argent », le père a bien compris que les revenus n'étaient plus les mêmes mais n'en tire pas toutes les conséquences. Il continue de s'habiller sur mesure, achète toujours des chemises en coton, lourdes à laver, longues à repasser. Médecin, il se doit d'être impeccable, aussi dès qu'un fil dépasse de sa manche, il appelle Thérèse au secours. Rien ne doit changer, on ne doit pas se laisser aller. Si la cuisine n'est pas parfaite, il se fait un devoir de la critiquer. Quand, après une course dans les escaliers, les bras chargés par les plats, Thérèse arrive essoufflée dans la salle à manger, François, dans son rôle de mâle chef de tribu, coupe le morceau de viande en tranches.

« Est-il assez cuit ? » lance-t-il d'un air soupçonneux.

Thérèse se défend : « Prends un morceau plus près de l'entame, mon chéri. »

Mais à la première bouchée ingurgitée, le verdict tombe : « C'est froid.

— J'ai fait au plus vite mais, tu sais, il y a un tel courant d'air dans cet escalier…

— C'est du rata », confirme François.

Les enfants sont servis en silence et commencent à manger. Thierry fait le pitre pour essayer de détendre l'atmosphère. « Mange vite, mon trésor », le calme Thérèse. Alors, le père, exaspéré par le désintérêt général, quitte la table et va se réfugier dans son bureau. La famille, restée figée après sa sortie, reprend lentement la conversation. Thérèse essaye de distraire ses enfants de ce qui vient de se passer. Elle parle de l'école, des sorties des uns ou des autres et, peu à peu, parvient à détendre l'atmosphère. Ils commencent à rire… de la situation. Les laissant à leur bavardage, Thérèse quitte la pièce pour aller voir son mari. Les enfants continuent de parler mais guettent les bruits suspects qui leur parviennent. La porte du bureau vient de s'ouvrir, des pas traversent le salon, la porte de la salle à manger grince. Thérèse est là, les yeux un peu rouges, avec son mari et père prodigue qui la tient aux épaules, souriant, satisfait de son effet. De nouveau les rires fusent. À la fin du dîner, Thérèse débarrasse la table et les enfants font un « voyage » avec les assiettes sales jusqu'au monte-plat. Plus tard elle finit sa vaisselle, l'essuie, la recharge dans le monte-plat et la hisse au premier étage où, enfin, elle la range. Souvent Catherine lui vient en aide, jusqu'au remplissage de la chaudière, pour que le feu ne s'éteigne pas pendant la nuit. Auparavant, manque d'argent oblige, Thérèse trie les morceaux de charbon pas totalement brûlés, pour les remettre dans le foyer. Après, elle n'a plus qu'à charger les quatre pelles nécessaires à l'entretien nocturne du feu.

« Je récupère pratiquement une pelle par jour », explique-t-elle à son mari admiratif qui lui demande pourquoi elle le rejoint toujours si tard. Alors la courageuse épouse se couche, épuisée mais heureuse d'avoir une fois encore réussi à conserver la paix de la famille.

Ainsi va la vie au quotidien, ponctuée de scènes parfois dramatiques, causées par des motifs plus futiles les uns que les autres.

Le jeune François supporte mal ces tensions entre les parents et ce sont les jumeaux qui lui remontent le moral :

« Les grands, tu sais, c'est pire que nous, ils n'arrêtent pas de s'engueuler. »

Quand arrivent les 18 ans de Catherine, il faut organiser une soirée, un bal. Cette curieuse tradition bourgeoise prescrit cette sorte d'exhibition, la mise sur le marché de la jeune fille « en âge » de se marier. Bien sûr c'est pour la bonne cause et dans le respect strict des règles établies. Pour le jeune prétendant – s'il se manifeste à cette occasion – c'est la première étape, la première marche qui conduit vers le graal final. Ce bal est aussi l'occasion de montrer les possibilités financières de la famille. Tout devient important, le lieu doit être prestigieux, les buffets ne manquer de rien, la « débutante » être magnifiquement habillée. Mais attention, il faut faire preuve d'habileté, l'allure et la qualité priment sur le tape-à-l'oeil.

La famille n'est pas très à l'aise, mais elle doit tenir son rang. Alors Thérèse cherche des salles et découvre que grâce à son travail d'expert, son mari a le droit de louer, à des prix avantageux, les salons du Cercle militaire. Le coût total restant malgré tout trop élevé, Thérèse décide de proposer à sa belle-sœur de profiter de cette occasion pour sa propre fille. Certes elle a déjà 24 ans, mais elle n'a jamais eu son bal... et, du reste, elle est toujours célibataire. Marché conclu ! Il y aura donc deux débutantes pour cette soirée prestigieuse. Reste le problème de la robe de l'héroïne du jour. Là encore, Thérèse trouve une solution. Sa sœur a une amie qui s'est mise à la couture pour subvenir aux besoins de la famille, le mari ayant perdu son emploi. Le choix du tissu et le patron de la robe font l'objet de discussions nourries entre la mère et la fille. Les premiers essayages ont lieu et

« c'est déjà presque parfait ». Quelques semaines plus tard, la robe, emballée dans du papier de soie, est mise dans une housse immense pour éviter de la plier. Transportée comme s'il s'agissait d'un grand malade dans la 2 CV familiale, la tenue de bal est suspendue dès son arrivée dans l'armoire de Catherine, prête pour le grand jour. Les jumeaux ont vu passer l'objet dans son emballage et l'ont aperçu lors de son accrochage dans la penderie. Le soin et les précautions prises pour la manipuler ont donné une valeur supplémentaire à cette parure, censée séduire le futur prétendant. Hélas, l'armoire s'est refermée comme un coffre-fort et les jumeaux ont seulement pu l'entrevoir.

Journal

J'aime bien aller chercher Thierry à la porte de son lycée. Il sort toujours en dernier, entouré de ses amis qu'il accompagne jusqu'à l'arrêt d'autobus. Là, au lieu de descendre le long du jardin du Luxembourg, nous tournons à gauche dans la rue Vavin. J'aime remonter cette rue qui nous éloigne de la maison car il y a plein de vitrines à regarder. En plus, on sait bien qu'en haut, il y a ces photographies étonnantes. Le carrousel a déjà allumé ses petites vitrines. Thierry regarde, passe de l'une à l'autre et répète que c'est incroyable. « Si, la preuve, puisque tu l'as devant toi en photo. » Il reste en contemplation devant les images les yeux écarquillés. Je le tire de sa rêverie en me moquant de son ébahissement : « Tu nous vois faire partie du spectacle ? » Il regarde ailleurs. « Ne te moque pas de moi, ces femmes sont sublimes alors que c'étaient des hommes. Je ne pouvais même pas penser que c'était possible. » Nous rentrons en marchant vite.

Thierry a été convoqué par papa. J'ai peur pour lui. On est rarement félicité quand on est convoqué dans le bureau. Le scénario est toujours le même. Papa est assis au fond devant une grande bibliothèque. Son bureau barre la pièce étroite et on se tient debout devant lui. Sur la table, un lourd cendrier de cristal est toujours rempli de mégots de Gauloises. À côté, un loup en bronze dont la gueule montée sur ressort tient les urgences à ne pas oublier. D'autres objets jonchent le bureau, coupe-papier, presse-papier, statuettes diverses et puis des ordonnances, des résultats d'analyses, des fiches, le tout empilé suivant un ordre aussi secret que personnel en plusieurs édifices branlants. Devant papa, il y a un sous-main de cuir sur lequel il garde les mains jointes pendant qu'il nous parle et aussi pendant qu'on essaie de se justifier. Quelquefois, quand la faute est jugée grave, les mains s'animent pour nous gifler.

Thierry n'est pas resté longtemps dans le bureau et quand il en est sorti, papa le suivait en souriant. Ils sont partis tous les deux, criant à maman qu'ils allaient acheter des « cibiches ». Au retour bien sûr j'ai eu le récit de mon frère. Dehors, ils ont parlé de sexe et, comme prévu, Thierry a eu peur de poser des questions et il a fait comme s'il savait déjà tout. Je lui ai dit qu'il avait tort de ne pas vouloir savoir. Papa lui fait vraiment peur et il est terrorisé à l'idée de lui parler, alors qu'il ne sait toujours pas pourquoi il bande parfois et comment il fait pour jouir. Je lui ai dit qu'il était un lâche, un nul. En fait moi aussi j'aurais bien aimé savoir.

La robe de Catherine est arrivée. Comme annoncé, je n'ai pas eu le droit d'aller chez la couturière car cela ne me concerne pas. J'en ai marre. « On a besoin de toute la place pour la rapporter. » Elle va occuper les sièges avant et arrière et donc seule Catherine peut accompagner maman. Je ne les ai pas entendues rentrer et quand j'ai couru pour voir ce dont on parlait depuis quinze jours, je n'ai pu apercevoir qu'un morceau de tissu floqué rose pâle enrobé dans du papier de soie. La robe accrochée, l'armoire a été refermée et, malgré ma demande, maman refuse de la ressortir.

« Ça n'a aucun intérêt pour toi, c'est une robe pour ta sœur. Va donc finir ton travail, cela t'évitera d'avoir encore des ennuis avec ton père. »

Jeudi, j'étais seule à la maison. Maman était partie avec Catherine, papa était sorti lui aussi, les autres étaient au lycée. Devant l'armoire ancienne, je regardais la grosse clef face à moi, qui n'attendait que ma main pour être tournée. C'est affreux ce que cette porte peut grincer. J'ai sorti la robe, elle était lourde et je devais garder le bras levé pour éviter qu'elle ne touche le sol. Je l'ai doucement déposée sur le lit et je l'ai contemplée. Elle était magnifique, encore plus belle que je l'avais imaginé malgré les papiers de soie qui la dissimulaient en partie, épinglés tout le long de l'ourlet. J'ai bien observé comment tout cela était fait, où étaient les têtes des épingles et puis, la peur dans la gorge j'ai commencé à séparer les papiers de la robe en prenant garde de ne pas les mélanger. Vite je me suis déshabillée et, toute nue, j'ai placé la robe devant moi. Dans la glace, l'effet était spectaculaire. Je n'ai pas pu résister, j'ai tiré sur la fermeture Éclair. L'intérieur ressemblait à un écrin rose brillant, plus soutenu que le tissu extérieur. La robe s'est refermée sur moi, j'étais enveloppée par cette douceur. Quand j'ai remonté la fermeture, le tissu est venu se serrer sur moi, s'évasant sous la ligne de la poitrine. J'ai marché en me regardant dans la glace, j'ai contemplé la longueur qui traînait derrière moi. Je ne sais pas combien de temps je suis restée comme ça, envahie par un désir incroyablement fort et beau. J'ai retrouvé le bonheur que j'avais eu dans l'escalier du château de mon enfance avec la robe de soie et de dentelle. Tout d'un coup, la peur m'a saisie et j'ai voulu redescendre le zip, pour sortir de cette prison que j'aimais. Malgré l'ouverture au dos, la robe est restée accrochée à moi. J'ai insisté mais rien à faire. J'ai commencé à avoir chaud et j'ai eu peur de transpirer. J'essayais de voir dans la glace ce qui se passait dans mon dos. D'un coup j'ai découvert ce petit crochet qui tenait le haut du décolleté et qui s'était fermé tout seul. J'ai enfin pu la défaire et la réinstaller sur son lit. Soudain j'ai entendu le bruit de la porte d'entrée alourdie par son double battant, elle venait de se fermer. Papa a appelé à la cantonade : « Y a quelqu'un ? » Oui, il y a moi, toute nue devant la robe de ma sœur. Je n'ai osé ni parler ni bouger.

« Qui est là ? » Papa a ouvert les portes les unes après les autres en répétant son appel. Il approchait et je me suis dit qu'il allait falloir que je m'explique, que j'invente quelque chose malgré ma terreur. Je suis restée muette de peur, je ne bougeais plus. La sonnette de la porte d'entrée a retenti. Sauvée ! Papa est allé ouvrir et moi j'ai tenté d'écouter ce qui se disait. C'était un client qui s'était trompé de jour. Papa, aimable, l'a emmené vers son bureau. « Vous n'allez pas repartir pour revenir demain, enfin... » Toute nue, j'ai refait les gestes inverses de ceux que j'avais faits tout à l'heure. Enfin les papiers protecteurs furent tous remis en place, à l'identique. Je me suis assurée que la robe tournait toujours aussi bien sur son ourlet. Je l'ai raccrochée dans l'armoire et j'ai fait bouger les autres vêtements autour pour qu'ils reprennent leur place comme avant mon passage. J'ai refermé la porte trop vite pour éviter son grincement et, bien sûr, je l'ai arrêtée trop tard, la faisant claquer avec violence. Enfin, je me suis rhabillée et j'ai fermé les derniers boutons de mon vêtement en retournant dans ma chambre.

Je suis heureuse de mon essayage, malgré l'interdiction, j'ai eu ma robe, et même pour un court instant, j'ai été moi aussi une débutante en tenue de bal. J'ai gagné ma bataille du jour car j'ai vaincu ma peur.

J'entends papa qui raccompagne son patient distrait à la porte. Je sors mon cahier de textes et je cache mon journal secret.

4

Les études des jumeaux les ont tant bien que mal amenés jusqu'au baccalauréat prévu pour l'année suivante. Arrivent bientôt les vacances de Pâques et, comme chaque année, le séjour dans le Midi.

Papa est descendu par le train. La famille est allée le chercher en gare d'Avignon. À peine arrivé, il a endossé le costume des vacances : une salopette bleue et les espadrilles pour remplacer les chaussures de cuir noir. Comme d'habitude, il va se mettre à sa table de travail et reprendre la rédaction de son livre. On ne sait rien de cette œuvre en gestation chronique, personne n'en connaît même le sujet.

La semaine qui précède le jour de Pâques est très chargée pour les croyants. Trois cérémonies jalonnent la fin de cette période dite sainte. Le vendredi est le jour le plus sombre car il faut jeûner, faire pénitence, comme on dit. C'est le jour de la mort. Thierry officie avec Jean-Louis, son aîné, et c'est un rituel chargé pour les enfants de chœur. Il y a une sorte de compétition entre les deux servants pour les différentes manipulations : c'est à celui qui aura le plus de rôles possibles. Une lecture, qui retrace toute l'agonie de Jésus, épuise les bras de Jean-Louis en charge du missel, trop lourd pour lui. Non seulement ce texte est long mais en plus, pour refaire vivre à l'assistance le martyre au plus près, on s'arrête et on se recueille à chaque supplice, à chaque chute… ce qui retarde d'autant le repos musculaire du porteur. Plus tard, la famille reprend la route de la maison. Comme chaque année on est triste, comme chaque année le père a l'air profondément contrarié. On fait comme si on ne savait pas que dimanche sera le jour de l'« Alléluia, il est ressuscité ». La journée du samedi, elle, est sans obligation : Jésus est au tombeau et la famille attend le miracle, mais seulement pour le lendemain.

Le dimanche de Pâques est le matin le plus important dans la vie de la famille. Levé de bonne heure, chacun se prépare à partir pour l'office. Le père est presque prêt. Il a troqué ses espadrilles pour ses chaussures de ville. Assis, il se penche en avant pour les lacer. Soudain, une douleur lui mord la poitrine, violente, aiguë, insupportable. Le médecin qu'il est fait son propre diagnostic, il appelle Thérèse, lui chuchote le nom des médicaments qui lui sont nécessaires. Il pense à un infarctus. Thérèse fouille dans l'armoire. Mais c'est son aorte qui s'est rompue, c'est plus grave encore qu'il ne croit. Il se vide de son sang en dedans. Il réalise que c'est la mort qui vient et prie : « Ave Maria, que votre volonté soit faite. » Le bruit de la chute de son corps sur le plancher sonore a déclenché l'alerte. En bas, juste en-dessous du drame, les enfants endimanchés eux aussi attendent, prêts à partir pour l'église. Le cri, l'appel au secours puis les sanglots de Thérèse leur annoncent la nouvelle. Leur père est mort.

La mort de François est un choc violent pour toute la famille. On se regarde, on a envie de se parler, mais pour dire quoi ? On tue le temps, alors que c'est le temps qui vient de nous tuer. On cherche quelque chose à faire et le moindre désir de l'un ou de l'autre devient une mission dont on se charge avec plaisir, juste pour passer le temps. Deux jours s'écoulent ainsi. Les jumeaux encadrent souvent leur petit frère François « qui est tout seul maintenant à porter ce beau prénom » comme le lui a rappelé une grande amie de la famille. Justement, le jeune François, lui, n'est pas très à l'aise avec la responsabilité que la mort vient de lui confier. C'est la première fois que ce jeune adolescent est face à un corps sans vie et ce corps c'était son père.

Beaucoup de gens sont venus voir le défunt, l'asperger d'eau bénite et dire une banalité. Certains signent le livre prévu à cet effet et tentent de trouver le mot, la phrase originale et belle, celle qui prouve qu'on le connaissait bien, celle qui va rester pour la gloire du défunt et pour le profit de son auteur. Tristes, tous les mots le sont, originaux ou talentueux seulement quelques-uns. Mais pour Thérèse, la lecture de ces sinistres et plates sentences confirme l'importance de celui qu'elle aimait. C'est une sorte de sacralisation de son grand homme. C'est aussi le début d'une grande période de solitude car presque tous ces signataires vont déserter et laisser la veuve à ses problèmes.

Journal

Hier, au dîner, papa a reproché à maman la cuisson de la viande, et puis comme maman lui a répondu, il s'est mis en colère, il m'a engueulée. Puis ce fut le tour de Catherine qui n'avait pourtant rien dit. Après il a quitté la table en claquant la porte si fort que j'ai cru que les glaces allaient se briser. On est tous restés sans bouger. Il me fait peur. Au bout d'un moment, maman est allée le chercher. Quand elle est revenue, elle avait les yeux rouges comme si elle avait pleuré. Je l'ai détesté. C'est un sale égoïste, un tyran.

Aujourd'hui, je suis restée avec mon frère François qui voulait me demander « des choses ». Alors on est allés parler pendant que papa avait ses consultations. Il était malheureux de voir que papa et maman se disputent pour des bêtises. Il m'a dit aussi qu'il faisait beaucoup de prières pour qu'ils ne se fâchent plus, mais comme ses prières restent sans effet, il pensait que lui aussi faisait des péchés et que, forcément, Jésus faisait passer avant des gens plus méritants que lui. J'ai essayé de le rassurer, de lui dire que ce n'était pas de sa faute à lui. Mais il n'avait pas l'air de me croire. Il avait les yeux brillants comme s'il allait pleurer. Je ne sais pas quoi lui dire et je ne peux pas en parler, bien sûr, puisque je lui ai juré le secret absolu.

Ce matin, Jean-Louis est venu me chercher dans ma chambre « pour me montrer un truc ». Il était à la fois inquiet et fier de ce qui lui arrivait. Sur son lit, il y avait un livre de médecine de papa ouvert sur une page de photos en noir et blanc protégée par du papier cristal. Il m'a dit d'attendre et puis il s'est allongé sur son lit avec le livre, tourné vers le mur. J'ai bien vu qu'il se branlait. À la fin, il s'est tourné vers moi et il a éjaculé. C'était la première fois que je voyais ça. J'ai eu un peu peur de ce liquide blanchâtre. Par crainte d'être découvert, Jean-Louis a voulu faire disparaître cette trace qui aurait pu l'accuser d'avoir péché. Il a alors pris des allumettes et il a mis le feu au coton. « Tu sens ? Ça sent le cochon brûlé parce que c'est ça qui va servir à faire un futur bébé. » Comme je ne sais pas trop comment on « fait » un bébé, j'ai l'impression que c'est un bébé minuscule auquel il a mis le feu. J'ai laissé Jean-Louis à ses expériences de biologie avec un profond écœurement. Je suis allée raconter cette expérience à François, qui a été catastrophé. Il m'a dit : « Tu vois c'est à cause de nos péchés que Jésus nous punit et que papa et maman se disputent. En faisant des choses comme celles-là, on va finir par atteindre le plus profond du mal. »

« Papa est mort ! »

Cette annonce résonne dans ma tête depuis ce matin. Ça veut dire que maintenant on va pouvoir parler, qu'on n'aura plus peur d'exprimer quelque chose de déplaisant à ses yeux. Il faut que je profite de cet instant, que j'aille voir maman pour lui dire que j'ai envie de vivre et de ne plus rester cachée derrière Thierry, qu'elle accepte de me donner la place dont j'ai envie.

5

La vie a repris, la famille est revenue à Paris. Plus question de larmes, il faut survivre, et trouver de quoi vivre, car la rigueur de l'administration bloque l'argent de la maigre retraite de son mari : « Il est mort dix ans trop tôt, madame. » Thérèse, malgré son diplôme d'État d'infirmière, ne trouve pas de travail. Elle est finalement embauchée pour trier des vêtements dans une association catholique. Puis, elle devient secrétaire au sein de ce même mouvement. Courageuse, elle se bat pour elle et ses enfants.

Si, après le choc, la tristesse a envahi les jumeaux, cette tristesse a fait place à une sensation de grande liberté. La mort du père, c'est la fin des contrôles et de la censure. Les envies refoulées s'affirment peu à peu malgré les « si ton père était encore là » de Thérèse. Thierry a passé son permis et s'est acheté une moto, engin proscrit par excellence. Sous l'influence de sa sœur, il s'est aussi laissé pousser les cheveux. Les grands projets n'étant jamais gratuits, Thierry est devenu surveillant, « pion », comme on dit, pour avoir son indépendance financière. Mathilde reste très proche de son frère et profite souvent de ses largesses. Pour lui faire plaisir, grand seigneur, il emmène un jour sa sœur au Bon Marché, pour lui acheter une robe. La recherche s'avère difficile, car les jumeaux n'osent pas se renseigner auprès des vendeuses qui insistent : « Est-ce que je peux vous aider ? » Thierry fuit ces demandes insistantes par des « non, non merci » timides. Finalement, il aperçoit ce qu'il cherche : une robe trapèze bleue, taille descendue marquée de blanc comme le col et le bas des manches trois quart. Il tient la robe d'une main et, devant une glace, la présente devant lui. « C'est pour une personne qui fait la même taille que vous ? » questionne une gentille vendeuse. Thierry cherche des yeux Mathilde, perdue parmi les rayons, pour qu'elle réponde à sa place. Seul, il s'oblige à répondre : « Oui, c'est pour ma mère qui fait la même taille que moi… je crois.

— Alors, gardez bien le ticket de caisse, comme ça, s'il y a un problème, elle pourra toujours la changer. En tout cas vous avez fait un très bon choix, c'est une Courrèges, vous savez… Elle est très jolie, coupée dans un très beau tissu qui tombe bien… Et puis vous avez vu, elle est toute doublée… »

Thierry acquiesce à chaque affirmation. Il a hâte de payer et de retrouver sa sœur qui l'attend près de la caisse. À la maison, il est content de voir le bonheur de sa jumelle heureuse grâce à lui. Depuis qu'ils sont rentrés, Mathilde ne quitte pas sa nouvelle robe, jusqu'à ce qu'ils entendent Thérèse rentrer. Pour éviter les questions et les remarques, elle se change et va vite ranger sa nouvelle acquisition dans l'armoire qu'elle partage avec son frère. C'est sur les étagères du haut, les plus difficiles à atteindre, qu'elle plie sa robe à plat pour ne pas la froisser.

La moto a donné à Thierry une grande indépendance. Il part souvent faire un tour, avec ou sans sa sœur. Il faut dire que, si elle est toujours prête à partir avec son jumeau, Mathilde, terrorisée, crie dans le casque quand elle trouve que son frère roule trop vite. Elle déteste aussi quand la moto s'incline trop, et que sur la route le bruit du vent l'empêche de protester. À peine l'engin est-il arrêté et le casque enlevé que Mathilde hurle à son frère qu'il est fou, qu'il va se tuer :

« Qu'est-ce que tu cherches à me prouver, à te prouver, tu veux mourir ?

— Pourquoi viens-tu avec moi si tu n'aimes pas la vitesse ?

— Ce n'est pas que je n'aime pas la vitesse, mais je vois bien que tu nous conduis à la limite de la chute, que la moto danse comme une folle sur sa roue arrière, que les pots d'échappement touchent la route en faisant des étincelles et qu'on finira par se tuer.

— Et alors ? dit Thierry en remettant son casque.

— Allez on rentre. »

Les balades à moto, dorénavant il les fera seul. Il roulera à la vitesse qu'il aime, celle où il a peur, celle où il vit plus fort, celle où l'on s'en fout de mourir. Si Mathilde est là et qu'elle meurt avec lui, ce sera bien fait pour elle, « comme ça, elle ne me fera plus chier ».

Plus personne derrière lui sur la moto, plus de contraintes, alors bien sûr le sentiment de liberté totale est grisant mais la place vide sur la grosse moto rouge et son pilote aux longs cheveux noirs ne laissent pas les filles insensibles.

Journal

Je sais bien que mon frère est fasciné par les filles, qu'il trouve si séduisantes mais surtout si belles alors qu'il se sent si laid, comme il me le répète tout le temps. Il se fout de plaire et de séduire. J'essaie de le modérer, d'éviter qu'il ne devienne un collectionneur. Il n'aime pas ce mot. Il essaie de me dire combien c'est difficile d'approcher de si près la beauté, la douceur, avec la certitude de ne jamais pouvoir l'atteindre. Il se sent exclu de cet univers. Il me montre ses bras, ses jambes et sa poitrine où les poils ont poussé. Il me parle de ses vêtements qui ne servent qu'à le cacher. Thierry me répète tout le temps que les hommes se couvrent, alors que les femmes s'habillent pour être encore plus belles. Il ne supporte pas de devoir se raser tous les jours, sa virilité lui pèse et n'est vécue que comme une contrainte. Quelque fois il me maquille, il me montre les lignes de force d'un visage, m'apprend à choisir la couleur de mes fards pour obtenir une harmonie parfaite avec ce que je porte.

Et puis il dit que les hommes se sentent toujours obligés de se comporter comme si on allait mettre en doute leur virilité. Ils affirment, ordonnent, dictent, imposent… « Souviens-toi de papa : il avait raison, point, il décidait c'est tout et personne n'osait le contredire. »

J'essaie de le raisonner pour éviter qu'il ne se montre trop abrupt voire violent, lui qui veut pénétrer au cœur de cet univers féminin qu'il aime tant.

Chaque fois qu'on parle des filles avec mon frère, cela tourne au clash. Chaque fois, il faut laisser passer un long moment avant qu'il ne me reparle et que je puisse prendre des décisions pour ce qui nous concerne. C'est un sujet tabou. Comme si je n'avais pas le droit de m'aventurer dans ce domaine.

Depuis quelques jours, Thierry ne me parle pratiquement plus. Il est amoureux, m'a-t-il dit. « Encore ? » me suis-je moquée. « Oui et cette fois-ci c'est sérieux et tu devras rester à ta place.

— Et qui est la nouvelle ?

— Isabelle.

— Isabelle ? La fille que tu retrouves pendant les vacances ?

— Oui.

— Mais tu es fou, c'est un flirt pour les vacances, ce n'est pas ta future femme.

— Elle m'aime, tu sais.

— Oui c'est sûr, elle t'aime, mais toi ?

— Tu m'emmerdes, Mathilde, nous sommes plus que proches, c'est vrai, mais cela ne te donne aucun droit sur ma vie. Pour moi c'est une vraie étape. Elle va me permettre de jouer enfin mon rôle de mec et de m'y tenir... si j'en suis capable », ajoute-t-il après un temps de réflexion.

Une fois de plus, il croit qu'en ayant une vie normale, celle des autres, il va devenir un homme comme les autres. Et lui, a-t-il un droit sur ma vie ? Lui qui m'interdit même de m'habiller, de me maquiller comme je le souhaite, quand je le souhaite ? Lui qui me tyrannise et m'opprime comme le faisait notre père...

« Et tu vas faire des enfants ?

— Comme si les hommes ne voulaient pas faire des enfants ! Comme ça je verrai si tout marche bien. J'aurai mon certificat de "vrai mâle", il est temps non ?

— Le mariage aura lieu dans le Midi, donc il faut peut-être que tu achètes un costume, à moins que tu y ailles en bottes texanes et en blouson de cuir !

— Oui, c'est prévu, je vais acheter un costume blanc, c'est bien qu'un homme se marie en blanc... Après tout le blanc n'est pas réservé qu'aux filles !

— Effectivement, de nous deux, c'est toi qui porteras le blanc du mariage... Moi, à cause de toi, je n'aurai jamais droit à une robe de mariée. Encore une occasion de me remettre dans ton ombre. Mais cela ne sert à rien, nous sommes indissociables, mon frère, et le mal que tu me fais, c'est à toi que tu le fais. »

Pour lui faire comprendre qu'il me fait souffrir en ironisant sur ce à quoi une fille a le droit de rêver, j'ai décidé de lui faire une photo. Après la prise de vue, j'ai fait quelques retouches sur l'ordinateur. L'imprimante ronronne et j'attends la sortie de l'image. Le papier sort par saccades, dévoilant les pavés de la cour de l'immeuble, puis une robe de mariée apparaît. La robe est vide de corps et à l'endroit où devrait se trouver la tête, il n'y a qu'une grosse éclaboussure de sang. Thierry regarde mon travail. Il dit que c'est très beau. « Tu pourras la montrer si tu veux et donner toutes les explications que tu souhaites. Entre nous, tu te rappelleras que ce sera l'unique photo de mon mariage. »

Par moments, pour Thierry, je crois que je suis la personne la plus importante de sa vie et puis soudain, je suis remise au secret, je dois me faire transparente. Pour lui faire plaisir, il faudrait que je ne sois plus, que je disparaisse jusqu'à ce que, suivant son envie, il me rende le droit d'exister. Est-ce qu'un jour il me donnera vraiment ce droit comme il me le dit parfois ? Pourrai-je parler de moi en disant « Mathilde » devant tout le monde ? Oserai-je enfin me libérer de lui et m'affirmer ? Et vous, mes frères et ma sœur, m'accepteriez-vous ?

6

Thierry a décidé d'épouser Isabelle. Pourtant, les candidates ne manquaient pas. Que ce soit à la faculté de droit ou dans les lycées où il avait été nommé surveillant d'internat, les conquêtes défilaient sans qu'apparemment cela procure vraiment du plaisir à ce mâle sûr de son succès, toujours insatisfait et qui se lassait vite. Si Mathilde n'a rien dit jusque-là, c'est aussi parce qu'il y avait un tel défilé de conquêtes féminines qu'elle ne voyait pas son frère capable de s'engager pour l'une d'entre elles. Quand Thierry lui a annoncé la nouvelle, Mathilde a compris que, cette fois, sa vie allait changer, basculer.

« Désormais, je ne serai plus critiqué constamment, que ce soit par toi ou par la famille. Je vais être conforme à ce que je dois être. "Je m'engage", comme dit maman, je rentre dans la norme, je vais être… comme tout le monde. »

C'est vrai que, dans la famille, la décision du don Juan admiré secrètement par tous avait surpris. On annonça que le mariage ne se ferait que l'année suivante car le jeune couple souhaitait profiter des beaux jours pour organiser leur fête.

Le mariage a lieu en Provence, par un soleil radieux. Avant l'entrée dans la chapelle, Thierry, les mains dans les poches de son costume blanc, affiche un visage fermé, les mâchoires serrées. Un oncle s'approche pour lui demander si ça va. « J'ai perdu les alliances, pourtant je suis sûr de les avoir prises. » Alors tout le monde se met à chercher. Dans les corbeilles d'iris bleus et jaunes, le long de l'allée qui mène à la chapelle, tout est fouillé, scruté par les invités, les yeux fixés au sol, dans l'espoir de retrouver les précieux anneaux. Tout le monde sauf Mathilde, qui sait bien que son frère les a oubliées sciemment. Comme le curé s'impatiente, on décide d'emprunter l'alliance de sa sœur Catherine et celle de son mari. Elles sont trop grandes mais tant pis, l'important c'est de se marier.

Il faut trouver ensuite un logement pour le jeune couple, pratiquement sans ressources. On décide que l'appartement parisien sera coupé en deux, les jeunes mariés en occupant une moitié, l'autre restant habitée par Thérèse et François.

Le choix de Thierry d'accepter de jouer le rôle que lui impose sa nature oblige sa sœur à rester à l'écart. Mathilde est là, aussi discrète qu'elle le peut, pour ne pas faire échouer l'expérience que s'impose son frère.

Un an après, l'enfant arrive à la grande satisfaction de Thierry, qui peut enfin concilier amour, sexe et plaisir, sans avoir l'impression de commettre un péché. L'année suivante, Isabelle annonce qu'elle est de nouveau enceinte. Thierry en est désagréablement surpris, même s'il savait que la méthode Ogino, seule méthode contraceptive acceptable pour le chrétien qu'il est, n'est pas d'une efficacité absolue. Trahis par le maître Kyusaku, le jeune couple décide de la pose d'un stérilet, certes encore interdit par la morale des prélats mais certainement plus sûr.

La porte séparant les deux appartements restant presque toujours ouverte, les visiteurs des uns deviennent vite les visiteurs des autres. L'indiscrétion de certains qui viennent tenter le dragueur d'avant à reprendre ses activités de chasseur contribuent à la destruction lente de ce jeune foyer. Mathilde, qui avait demandé à Thierry de conserver une partie de sa garde-robe faute de place, constate cette perte d'intimité à chaque fois qu'elle vient chercher un vêtement. La naissance des enfants, l'activité professionnelle intense et surtout l'ennui profond que Thierry ressent quand il est seul avec sa femme commencent à lui peser terriblement. Sa jumelle, inquiète de ce Thierry malheureux, et contente de voir son influence revenir, lui pose la question régulièrement :

« Tu es sûr que tu es heureux ? » Jamais elle n'obtient de réponse. Énervé par ces insinuations trop fréquentes, Thierry traverse alors le palier pour aller retrouver son plus jeune frère.

François ne s'est jamais véritablement remis de la mort du père. Ce dernier avait pourtant tout fait pour lui construire une armure solide faite de certitudes articulées par une foi profonde. Il souhaitait ardemment que son jeune fils sache naviguer sur le fleuve de la vie. Malheureusement, à la mort du capitaine, arrivée si soudainement, l'embarcation encore bien légère avait commencé à tanguer dans les premiers tourments de l'existence.

Depuis qu'il était petit, François avait surnommé Thierry « ami » et ce qualificatif n'était pas usurpé. Quand leur connivence était remise en cause, cela les rendait malades l'un comme l'autre. Retrouver tout de suite leur complicité blessée devenait indispensable. Jean-Louis, le frère aîné souvent exclu de cette relation presque fusionnelle, préférait se désintéresser des « petits » plutôt que d'être tenu à l'écart de leurs secrets. Mathilde tentait par la douceur d'apaiser les tortures de son jeune frère, mais elle n'avait pas le droit de participer à la refonte de leur monde. Durant ces moments privilégiés, François s'ouvrait alors à son frère de ses problèmes. Peu importaient les quatre années d'écart. Souvent il demandait à Thierry si c'était bien ou mal de faire telle ou telle chose. Le démon du plaisir l'assaillait souvent lui aussi et il y répondait par une abstinence drastique, qu'il croyait rédemptrice. Le jeune homme écrivait aussi des prières, refuges pour sa conscience malmenée. Ces actes de foi constituaient sans doute un début d'absolution pour ses pensées interdites.

7

Un soir, en rentrant à la maison, Thierry apprit que François était couché et souffrait d'un violent mal de ventre. Thérèse lui annonça que son frère avait une appendicite, mais que la phase aiguë était passée et qu'il serait opéré le lendemain seulement, quand l'action des antibiotiques aurait calmé l'infection. Rien de grave en somme. François rentrerait à l'hôpital le matin, pour y être opéré en début d'après-midi. Thierry donna donc rendez-vous à son frère en fin de journée le lendemain.

L'hôpital est dans le 16e arrondissement. L'odeur du hall est la même que dans tous les établissements de santé. En cette fin de journée, Thierry trouve les relents d'antiseptiques et de produits de nettoyage particulièrement agressifs. Il doit attendre à la réception pour obtenir le numéro de la chambre où François se repose. Le regard fuyant de l'infirmière inquiète ce dernier. Thierry insiste pour connaître le numéro de la chambre de son frère.

« Attendez, je me renseigne. »

Elle parle si bas au téléphone qu'on ne peut pas entendre ce qu'elle dit.

« Que se passe-t-il ?

— Attendez là, monsieur. » Elle passe déjà au client suivant, mais Thierry insiste.

« La responsable de l'étage descend vous voir, elle va vous expliquer. »

L'infirmière en chef, qui avance à sa rencontre, est précédée par le bruit de ses talons, qui martèlent le sol carrelé. Le bruit de ces chaussures l'agresse. Il déteste déjà cette femme qu'il ne connaît pas encore.

« Je voulais juste voir mon frère qui a été hospitalisé...

— Monsieur, votre frère n'est plus ici, il a été transféré par un transport secondaire du SAMU.

— Transféré, mais pourquoi et où ? » La chef évite son regard et répond à ses souliers.

« Ils ont eu un problème pendant la réanimation de votre frère et ils ont jugé qu'il valait mieux le transférer à l'hôpital de la Pitié-Salpêtrière, mieux équipé que nous, pour les réanimations.

— Réanimation ! Mon Dieu, mais comment va-t-il ?

— Rassurez-vous, son pronostic vital n'est pas engagé, c'est par précaution que nous l'avons fait transporter là-bas. Il n'y avait pas d'urgence, c'était un transport secondaire... Ce n'était pas une urgence, vous me comprenez ? »

Sur sa moto, Thierry grille deux cigarettes coup sur coup, trop vite. Elles lui font tourner la tête. Il conduit rapidement, traverse Paris sans tenir compte de la couleur des feux. Sa sœur est derrière lui et ne proteste pas malgré la vitesse folle. Elle s'accroche à lui, ils ne font plus qu'un. La barrière de sécurité de l'hôpital est évitée par le trottoir, pas le temps d'attendre qu'elle se lève. C'est dans l'escalier que Thierry enlève son casque tout en grimpant les marches deux par deux. Mathilde n'arrive pas à suivre. Devant une double porte vitrée, au-dessus de laquelle on lit « Service de réanimation », il retrouve Thérèse qui lui donne les premières nouvelles. François va bien mais il est dans le coma. Mauvais dosage des médecins, protoxyde d'azote, oxygène, mauvais dosage, erreur… mais comme il souffrait ils lui ont donné du curare… curare, protoxyde d'azote. Oxygène… « Mais comment va-t-il ? » se contente-t-il de répéter. Sa mère lui dit encore tout ce qu'elle sait. Peu à peu la situation se fait plus claire.

« Tu l'as vu ?

— Non on ne peut pas le voir, il est trop tard et les médecins…

— Les médecins ! Ils se permettent de nous interdire quelque chose ? » Thierry pousse la porte, bien décidé à passer quoi qu'il arrive. François est là. C'est le premier lit à gauche. Des tuyaux sortent de son nez et des poches de perfusions de chaque côté de son lit sont raccordées à ses bras par de tristes guirlandes de silicone. Ses mains, tournées trop fortement vers l'intérieur, semblent avoir été forcées. C'est une image terrible qui marque les jumeaux. Mathilde reste en retrait. Elle connaît trop son frère pour dire ou faire quoi que ce soit. Une petite voix douce derrière Thierry lui demande de ne pas faire de bruit car l'heure des visites est dépassée. Il se retourne brutalement pour faire face à un sourire désarmant de bonté. Sa colère tombe devant la gentillesse évidente de l'aide-soignante. Annie les rassure :

« Maintenant ça va, il ne s'agite plus, ça veut dire qu'il n'a plus mal. »

Thérèse et les jumeaux quittent l'hôpital. Les larmes coulent derrière la visière du casque. Thierry hurle de chagrin et de rage. La révolte, la supplique, le désespoir se mêlent dans la même prière. Mathilde, serrée contre lui, tente d'éteindre cette haine pour le Dieu qu'il vénère et qui s'ajoute à l'incompréhension du hasard. En vain.

Désormais pour les jumeaux c'est un suivi au jour le jour qui s'installe, qui énerve les médecins, de plus en plus arrogants à l'égard de la famille. Au bout d'une semaine d'une stagnation inquiétante, le professeur Ableun, le neurologue qui dirige le service, s'entretient avec Thérèse :

« Nous avons constaté que son encéphale avait sensiblement rétréci et cela nous inquiète car quand il va se réveiller nous ne savons pas, enfin nous ne pouvons pas dire si… » Les mots ne passent pas, le mensonge gêne le débit et rend la communication impossible.

« Si vous le maintenez dans le coma, c'est normal que son encéphale…

— Oui, certes, vous avez raison, mais enfin je ne voudrais pas que vous puissiez avoir une certitude que, à son réveil…

— Merci, monsieur, mais puisque nous ne savons pas et que vous ne savez pas, alors attendons. »

La volonté, le pragmatisme, le courage de Thérèse a grippé le moulin à non-dits du médecin carriériste.

C'est une attente longue et pénible, de nouveau une période où on ne sait pas quoi faire, hormis attendre. Thierry a décidé de ne plus avoir de plaisirs sexuels tant que son frère ne serait pas guéri et il s'y tient. Ce sacrifice qu'il s'inflige est offert à Dieu pour qu'il entende sa prière. « Sauve mon frère », supplie-t-il chaque fois que sa main est au bord de succomber. Certes ce n'est pas une grande souffrance, mais il est sûr que Dieu en tiendra compte, Lui Il sait ce que cela lui coûte. Lui connaît la force du lien qui unit les deux frères.

Ils ont encore attendu une semaine. Les médecins ont arrêté les perfusions de curare pour permettre à François de sortir du coma. Petit à petit, les réactions commencent à apparaître, redonnant de l'espoir à la famille. Chaque soir, après leur visite, Thérèse, Isabelle et les jumeaux échangent leurs impressions, essayant de se rassurer, d'amplifier le moindre espoir naissant.

Les jours passent et l'espoir évolue en dents de scie, succession d'émotions et de désespoirs. Les premiers mots, écrits sous la dictée puis affichés à l'aide d'un tableau équipé de lettres magnétiques, font couler des larmes de bonheur. Avec un doigt qui semble peser des tonnes, François choisit les lettres qui s'alignent sur le tableau. On épèle chaque lettre, J-E T-A-I-M-E apparaît à la fin de ce laborieux exercice. Difficile de rester insensible devant ce premier verbe, devant ce retour à la vie. Peu à peu, les progrès semblent s'accélérer. La parole, difficile certes, est revenue et la mémoire aussi. Pour aider les sons à sortir, Thierry bouche la canule, forçant son frère à parler en apnée. Cette petite torture les fait rire tous les deux. Le professeur, qui annonçait un gâtisme quasi certain, a renoncé à tout pronostic, se contentant de demander aux uns et aux autres : « Comment le trouvez-vous ? » Quand on recommence à parler en anglais avec François, Thierry ne peut s'empêcher de lui poser la question : « Et vous, docteur, avez-vous changé d'opinion, ou pensez-vous toujours que mon frère ne va pas s'en sortir ? » Thierry n'attend pas la réponse et laisse Sa Sommité retrouver un semblant de modestie devant la complexité du mal cérébral. Si François va mieux, il a encore des troubles respiratoires inquiétants. Son tronc cérébral a été profondément choqué par l'intoxication que les médecins distraits lui ont infligée, et il faut du temps pour que d'autres cellules prennent le relais et que les circuits se rétablissent.

Épuisés après près de six semaines de ce quotidien éprouvant, Mathilde et Thierry ont décidé de prendre quelques jours de repos dans la maison de famille en Provence. Extrapolant sur les progrès quotidiens de François, ils sont maintenant certains que leur frère va s'en tirer. Ce n'est qu'une question de temps. Ce sera long, probablement très long, donc autant rester en forme en prenant du repos dès qu'on le peut.

Journal

La mort de papa nous a tous beaucoup perturbés, surtout qu'elle a été soudaine. Il avait sur chacun de nous un ascendant très fort et nous imposait ses idées, ses points de vue. Cette mort a été un bouleversement très violent, surtout pour maman qui a perdu celui qu'elle aimait et qui en plus dut affronter de sérieux problèmes d'argent. Un jour, la mutuelle lui a annoncé qu'elle ne toucherait sa demi-retraite que dans dix ans, soit le laps de temps durant lequel son mari aurait encore dû cotiser. Maman, abattue, s'est laissée tomber sur la chaise à côté du téléphone. « En fait vous me dites que mon mari est mort trop tôt, c'est ça ? » Sur confirmation de son interlocuteur, elle a raccroché, bouleversée. Mais ce n'est pas son genre de se laisser accabler.

Depuis la mort de papa, nous avons tous l'impression qu'un vent de liberté souffle sur la famille, et je découvre qui est vraiment maman. Bien sûr, elle se défend encore en invoquant notre papa disparu : « Aurais-tu fait ceci ou cela si ton père était encore là ? » Mais peu à peu, elle apprend à vivre sans lui et davantage avec nous. Maman est formidable, et ceux qui ne la connaissent pas comme nous sont loin de se douter du chagrin immense qui est en elle. « Heureusement il y a le petit François qui ressemble tellement à ton père », me confie-t-elle parfois. J'aimerais pouvoir parler à maman de moi et de mes problèmes avec Thierry mais quand elle est devant moi avec sa tristesse, je n'ose pas ajouter mon problème à ses problèmes.

J'ai vu mon petit frère hier. Il était couché dans son lit et semblait beaucoup souffrir du ventre. Maman a fait venir un médecin des urgences qui a affirmé que « de toutes les manières, ce n'était pas une crise d'appendicite ». Ce matin, François avait toujours aussi mal, et maman a fait venir de nouveau un spécialiste. Celui-là a diagnostiqué une appendicite avancée. Il a prescrit des antibiotiques à haute dose et a recommandé l'opération, dès que la fièvre sera tombée. Nous sommes tous heureux de savoir qu'un diagnostic a été posé et que, très bientôt, tout cela ne sera plus qu'un mauvais souvenir. Je reste un peu avec mon frère et comme j'ai moi-même déjà été opérée, je peux le rassurer, lui affirmer que tout cela est bénin, exhibition de cicatrice à l'appui. Nous sommes rassurés ce soir car plus d'inquiétude à l'horizon. « Je passe te voir demain après-midi juste après ton opération. » Je l'embrasse. Il est moins chaud, la fièvre a commencé à baisser.

[...]

Nous avons eu du mal à trouver cette clinique. La façade est grise et sale. Il faut monter quatre à cinq marches pour accéder au hall d'entrée. Je pense que c'est curieux pour des gens qui ne sont pas en pleine possession de leurs moyens d'être forcés de monter des marches pour accéder à un secours. J'ai senti bien vite que cet endroit était un endroit de malheur. Les regards fuyants, l'impossibilité de parler avec les gens qui ont pris François en charge, tout cela présageait de l'accident qui allait arriver.

[...]

En entrant en moto dans cette ville-hôpital qu'est la Pitié-Salpêtrière, Thierry est dans un état second. Profondément inquiet et énervé par les non-dits de l'infirmière chef, il oublie que je suis là, assise derrière lui et il ne me laisse même pas descendre en premier. J'évite sa jambe de peu. Dans ces moments de colère silencieuse, je sais que mon frère peut devenir très violent. Inutile alors de lui parler. Non seulement il ne m'écoute plus mais il me balaye, me met à l'écart. Je n'existe plus.

[...]

La fréquentation quotidienne, voire davantage, des urgences nous fatigue beaucoup et nous inquiète, plus qu'elle ne nous rassure. Le grand hôpital spécialiste de la réanimation est en grève. Du coup les effectifs sont réduits et les moyens aussi.

Voir mon frère sur ses draps souillés m'a mise en colère et je les ai changés malgré les protestations bruyantes de l'infirmière de service. Annie, l'aide-soignante, est ma complice. Elle me donne un coup de main. François est maintenant dans un lit propre, il a l'air de sourire.

Avec Thierry, nous avons trouvé chez un marchand de jouets un tableau magnétique avec des lettres aimantées. Installé devant le lit, je présente cet alphabet de couleur au regard de mon frère. De la main, il me fait signe : oui ou non. Une phrase se forme : « JE T'AIME. » C'est un moment trop fort pour moi et je m'agenouille à côté du lit pour être au plus près de lui. J'ai sa main dans ma main. Mon Dieu, comme elle est petite et fragile. Elle n'a plus bougé depuis si longtemps. Je reste ainsi, espérant, par ce contact, lui transférer de mon énergie pour qu'il se remette au plus vite. Je pleure, pourquoi lui ? En sortant, Thierry me questionne et je ne sais pas quoi répondre : « Pourquoi Dieu est-il si injuste, si injuste avec François ? »

Quand nous sommes rentrés dans la salle des urgences cet après-midi, François dormait, sa main pendant au bord du lit. Ses ongles et le bout de ses doigts me semblent presque bleus. Au bout de son lit, l'interne est plongé dans l'observation de la « pancarte ».

« Regardez, docteur, ses doigts sont bleutés comme s'il s'oxygénait mal, non ? » interroge Thierry. L'interne proteste :

« Mais non, comment voulez-vous qu'il s'oxygène mal alors qu'il est sous assistance respiratoire en permanence ? »

J'insiste en lui montrant les doigts de mon frère. Il soupire fatigué un « Mais non, tout est normal ». Je fais le tour du lit et je vois un tuyau translucide et cannelé qui n'est pas embouché sur la machine. Tout en reconnectant le tuyau, je demande :

« Et ça, monsieur le docteur, est-ce normal ?

— Excusez-moi, je n'avais pas vu ce...

— ... détail. »

Je viens de finir sa phrase. L'interne est parti, l'air contrarié. Ma colère est retombée aussitôt que j'ai regardé François. Thierry, lui, est encore sous le choc, devant l'incompétence de ces médecins, pourtant si sûrs d'eux. Quand notre frère a rouvert les yeux un peu plus tard, il nous a souri. Je lui ai dit que nous descendions dans le Midi pour deux ou trois jours, mais que tout irait bien. Son battement de paupières un peu plus long que les autres a semblé me dire qu'il nous comprenait. J'étais contente.

8

Les jumeaux, heureux d'être dans le Midi, sont en train de remonter vers la maison familiale, cachée dans les Alpilles. Le gros 4 × 4 de Thierry, plein des courses qu'ils viennent de faire au village, cahote sur le mauvais chemin. Mathilde en riant essaie sans succès de maintenir les sacs en place, quand le téléphone de la voiture se met à sonner. C'est Catherine, la sœur aînée des jumeaux.

« François est mort. » C'est par ces mots si simples et pourtant si violents que les jumeaux apprennent le décès de leur frère. À cette annonce, c'est d'abord une plainte qui dit « non » et puis un cri, une injure hurlée du fond du ventre que Thierry envoie vers ce Dieu resté sourd à ses appels et qui vient de le trahir encore une fois. Les autres défaillances de l'être suprême étaient mineures, elles font partie de que les croyants nomment les volontés impénétrables… Mais cette fois c'est trop, ce Dieu est trop injuste, trop insensible à nos misères pour avoir le droit d'exister. Thierry reste là, assis sur le marchepied de sa voiture, sa jumelle à côté de lui. Elle aussi est anesthésiée par la douleur. Mais c'est la souffrance absolue de son jumeau qui l'inquiète, plus que cette perte de pouvoir brutale que vient d'essuyer l'hypothétique Tout-Puissant.

Ils ont roulé une partie de la nuit, vite, trop vite. Mathilde a protesté. Les arguments sont les mêmes que pour les motos trop rapides. Thierry est drogué par la peine, drogué par la haine, enfermé dans un corps verrouillé.

Durant tout le trajet, la discussion entre les jumeaux est violente. C'est Thierry qui y met fin. Difficile pour lui de tout casser. Difficile d'admettre que pendant trente ans, il s'est construit sur du sable. Mathilde a l'habitude de s'effacer, de négocier. Elle sait que c'est ce Dieu soutien de son frère qui l'emprisonne si injustement et provoque sa souffrance.

Avec le retour à Paris, ce sont les explications, les détails du décès de François qui sont les plus cruels. Le jeune homme est mort à cause de la négligence des médecins. Pour éviter que les problèmes respiratoires ne deviennent un risque difficilement maîtrisable, il fut décidé de l'intuber une deuxième fois. Mais le service est en grève et les approvisionnements ne se font pas comme il faut. Une canule trop grande est donc posée mais évidemment ce corps étranger, trop important pour sa gorge déjà affaiblie, va déchirer la fine paroi entre sa trachée et son œsophage, rompant du même coup un vaisseau sanguin. François est mort, noyé dans son propre sang. Il a souffert.

La cérémonie religieuse, point final à la vie de leur frère, fut à la limite de l'insupportable pour les jumeaux. Ces mots, entendus si souvent, censés rassurer et aider à faire accepter la douleur de la perte, ces mots sont perçus comme des mensonges et faux espoirs. Thierry est bouleversé, il a besoin de silence, de retrouver une ultime intimité avec son frère, avec cet « ami » couché dans son cercueil, mort mais encore présent. Et pourtant là-bas, au travers de ses yeux pleins de larmes, il distingue la silhouette blanche du prélat qui continue d'accoler des mots passe-partout à des phrases toutes faites, prétendument réconfortantes. Quand on en arrive « au bonheur qu'a François d'être là-haut, en contemplation du père où il vous attend », Thierry suffoque, étouffé par la peine, rongée par la colère, dans la haine du Dieu menteur.

La vie a souvent ce talent d'additionner les ennuis aux ennuis. Peu de temps après, la famille doit déménager, expulsée de l'appartement qui semblait lui appartenir, depuis le temps qu'elle y était. Grâce à une amie de Thérèse, tout le monde s'est retrouvé dans un immeuble du 16e arrondissement où heureusement, deux étages séparent le couple Thierry et Isabelle du reste de la famille. Cette pseudo indépendance semble la bienvenue car les angoisses et le partage des émotions avec Thérèse et les autres parents ont fait évoluer la proximité en promiscuité. Cet appartement pour eux seuls arrive pourtant trop tard pour sauver leur relation. Les discussions de Thierry avec sa jumelle creusent encore le fossé qui sépare déjà les époux. Après de longues années de faux bonheur, c'est la séparation. Comme toujours, les deux parties ne sont pas en phase. Pour Isabelle, ce sont les événements tragiques qui ont ébranlé leur mariage, alors que pour Thierry, ce sont ces mêmes événements qui l'ont précipité dans une totale refonte de ce qu'il est. Leur union, fondée sur les valeurs d'avant, n'a plus lieu d'exister, de résister. Ils se quittent juste avant l'été, après quatorze ans d'une vie sans histoires, peut-être sans assez d'histoires.

Journal

Accablé, Thierry a pourtant voulu reprendre la route le soir même. Sur l'autoroute, il s'est mis à conduire comme un fou, serrant les voitures qui nous précédaient, les doublant à toucher leurs pare-chocs. J'avais beau lui dire qu'il n'avait pas le droit de nous tuer, que nous devions vivre cette vie, il ne ralentissait pas.

J'essayais de l'apaiser, de lui expliquer que Dieu est mort, que Dieu ne l'aiderait plus ! J'ai hurlé ces derniers mots. Thierry regardait la route et les bandes blanches qui nous rapprochaient de François. Il avait l'air absent et ne me répondait pas. Quand nous nous sommes arrêtés pour faire le plein, il m'a expliqué que je ne comprenais rien et que je ne pouvais pas comprendre, que je n'avais jamais ressenti comme lui, ni le bonheur de regarder de près l'hostie qui nous sauve, ni cette plénitude qu'il éprouvait, lui, en rentrant dans ces chapelles ou ces églises. Après un silence, il a ajouté qu'une fille ne pouvait pas comprendre. Cette dernière réflexion m'a exaspérée.

« Un jour, tu m'expliqueras qui je suis pour toi. Pourquoi tu me considères comme une gêne, une idiote inutile. Cette plénitude que tu ressens, c'est de l'émotion devant la beauté d'un lieu, l'envoûtement des musiques qui te transportent. Dans les

religions, tout est conçu, écrit et fait dans ce but. C'est un décor, mon frère, une belle histoire. Il n'y a ni réalité, ni certitude là-dedans. Les hommes ont créé leur Dieu à leur image, parce que les hommes ne peuvent créer qu'à partir de ce qui existe. C'est tout ce qu'ils peuvent faire. Les religions sont des chimères, des recours confortables à opposer à l'injustice et aux aléas de la vie... Nous n'avons pas le pouvoir sur notre naissance et si la vie n'est pas conforme à nos désirs, la mort seule reste un vrai choix. »

Maman m'inquiète. Elle semble absente malgré les occupations. Elle a perdu son mari et maintenant son fils, ce qu'elle avait de plus cher deux fois de suite. Plutôt que de penser à la violence de ce qu'elle subit, elle préfère se réfugier dans une dévotion profonde qui l'éloigne de la réalité. « On se retrouvera, c'est sûr » reste le mot clé de sa douleur maîtrisée.

Thierry, lui, est égaré dans ses principes en ruine. Heureusement que je ne suis pas aussi obsédée que lui par l'idée de Dieu. Comment a-t-il fait pour ne pas changer d'un pouce, alors qu'il a dû zigzaguer lui aussi entre les autorités divine et paternelle. Depuis longtemps, je lui fais remarquer que l'idée de Dieu a évolué en permanence au cours du temps, en fonction du nombre de choses inconcevables encore à résoudre. Il répond que Dieu, quoi que j'en pense, est une notion confortable. Son Dieu omniprésent me fait chier, c'est aussi contre Lui que je dois lutter pour survivre.

Le plus difficile pour maman fut d'apprendre qu'elle allait devoir quitter son appartement et son quartier, dans lequel elle vit depuis près de cinquante ans. Ce sont des amis de papa qui nous ont permis de nous reloger tous ensemble dans un même immeuble du 14e arrondissement. Tout le monde semble content de ce choix, sauf maman qui est triste de couper les ponts avec une partie de ses souvenirs. Dorénavant, la famille occupe le cinquième et le troisième étage. Maman a celui du troisième, qui n'a aucune fenêtre sur l'avenue, sur les gens, sur la vie ! Elle n'a plus personne à qui parler. Je descends souvent la voir, elle fait tout pour paraître contente mais au fond, elle ne sort pas de sa mélancolie.

L'autre jour, Thierry et moi sommes descendus pour lui tenir compagnie. Mon frère m'a promis qu'il allait lui parler de moi, qu'il n'y avait pas de raison que je continue à rester en retrait. Tout en préparant du thé, maman nous a dit combien c'était dur pour elle d'avoir déjà perdu deux de ses fils. En regardant Thierry, elle a souri et, lui prenant la main, elle a ajouté :

« Je n'en ai plus que deux maintenant ! »

De retour au cinquième, je suis très en colère et traite mon frère de lâche, de trouillard. « Tu m'avais promis de lui parler, Thierry, tu m'avais promis de tout lui dire, de briser le silence ! Et tu n'as rien dit, rien fait. Tu ne t'expliqueras donc jamais ?

— Mais comment voulais-tu que je lui parle alors qu'elle me disait qu'elle n'avait plus que deux fils, je ne veux pas la blesser encore plus ! Tu es d'un égoïsme incroyable, Mathilde ! Pense à elle, je t'en prie, ne pense pas qu'à toi.

— Parce que tu trouves que je ne pense qu'à moi ! Qui paye pour ta lâcheté, qui souffre en permanence ? Il y a quarante ans que tu me caches, que je joue les fantômes et que je l'accepte ! Et tu dis que je ne pense qu'à moi ? »

Je me suis assise, en larmes, au bout du lit.

« Donne-moi encore un peu de temps, Mathilde... un peu de temps. C'est si dur, tu sais ! »

Pour essayer de ramener de la vie à l'étage maternel, la fratrie relance les repas dominicaux mais cela ne change pas grand-chose. Au cinquième, c'est pareil, ce n'est pas le bonheur qui règne. Thierry s'ennuie, il me le dit tout le temps, il le montre souvent à Isabelle qui ne comprend toujours rien à ses signaux. Il me dit qu'elle est incapable de jugement, toujours de son avis parce qu'elle croit que cela lui fait plaisir.

Quelquefois quand nous nous retrouvons seuls, nous reparlons de notre enfance, de nos jeux, de nos plaisirs. Pour le distraire, lui amener un peu de cette douceur qui lui manque tellement, je lui fais des numéros de strip-tease, passant de la dame honnête à la prostituée, pour son seul plaisir, celui d'exister. Après, il faut effacer les traces de notre récréation car les enfants peuvent rentrer. C'est le retour pénible à notre clandestinité quotidienne.

Les enfants, sans doute perturbés par cette ambiance détestable qui règne entre leurs parents, se disputent de plus en plus souvent, avec une violence inquiétante. Je l'ai dit à mon frère qui nie toute relation de cause à effet. « Les garçons sont toujours très violents, tu sais. »

Il continue donc à vivre loin de sa famille, passant des journées de plus en plus longues à son studio. Même les vacances ne l'attirent plus, il préfère la vie un peu décousue qu'il a adoptée maintenant. Comme toujours quand mon frère est avec de nouvelles connaissances féminines, je n'existe plus. De nouveau, je me sens trahie, je suis une gêne, presque une rivale.

Il devra choisir un jour, cesser de faire comme si je n'existais pas. De quoi suis-je coupable ? Quel est mon crime ? Qu'ai-je fait qui justifie de devoir vivre cachée ou en retrait ? Le genre décide-t-il donc de tout ?

9

Une longue période de remise en question commence pour Thierry. Il a besoin de réfléchir, de retrouver des raisons d'accepter les événements. Plus question de justifier, plus question d'acquiescer, plus question de se soumettre, avec pour seul prétexte un espoir d'au-delà, d'une autre vie sans souffrance, sans malheur. Maintenant, son existence doit être ici sur cette terre, plus question d'hypothéquer les plaisirs, contre d'hypothétiques promesses. À chaque fois qu'il craque en levant les yeux au ciel pour implorer… Mathilde est là pour lui dire qu'il n'aura rien du Ciel, que c'est lui qui doit maîtriser son destin. C'est difficile, on ne se libère pas comme cela de conditionnements acquis depuis si longtemps.

La mort de son frère a imposé un nouvel objectif à Thierry. Il doit réussir professionnellement, gagner de l'argent, se remplir la tête de préoccupations matérielles pour que le futur soit meilleur et pour oublier le passé récent. Alors c'est la création d'une nouvelle société de production audiovisuelle, ce sont des emprunts dont les sommes à rembourser font peur. Tout est bon du moment que la société fonctionne, et elle fonctionne. L'équipe se compose désormais de vingt personnes. Beaucoup d'entre elles ne savent pas faire grand-chose mais, emportés par l'enthousiasme du chef, tout le monde progresse. Thierry veut s'impliquer davantage. La rencontre avec un journaliste lui offre cette possibilité. Mathilde de son côté ne veut pas s'éloigner de son frère car elle est inquiète pour lui. Elle apprend donc le montage et la prise de son, tâches complémentaires du travail de son jumeau. Souvent, elle part avec lui pour monter le film dans la chambre d'hôtel et satisfaire le client encore plus vite. Thierry, de son côté, accepte toutes les missions.

Un jour, il est au Nicaragua. Une candidate, payée par les Américains, a décidé de se présenter aux élections présidentielles contre le général révolutionnaire Ortega, naguère héros libérateur, aujourd'hui symbole d'échec et de pauvreté. La journée commence par une messe, Amérique latine oblige, et l'évêque de Managua en a bientôt terminé. Il sort, revêtu des habits sacerdotaux, et reste sur le haut des marches, dominant la place. L'endroit est noir de monde et loin là-bas, des silhouettes bleu marine, casquées, encerclent discrètement les manifestants. Soudain, Monseigneur se met à crier :

« *Viva el Christo Rei !* » et la foule répond « *Viva !* » « *Viva el Christo Rei !* » « *Viva !* » répète la foule de plus en plus échauffée. « *Viva el Christo Rei !* » s'obstine l'évêque. « *Viva !* » répète encore la foule. Alors, de toutes ses forces, le vicaire de Dieu vocifère plus qu'il ne crie : « *Viva Violeta Chamorro !* » et la foule, qui décidément ne connaît qu'un seul refrain, répond « *Viva !* » pour la quatrième fois. Le prélat bénit une dernière fois ses ouailles chauffées à blanc et rentre dans le lieu saint. Les militaires, eux, ont commencé de marcher vers les manifestants. La messe est finie, il est temps de dégager la place. Devant une ligne de soldats menaçants, casqués, bottés, la visière baissée, les contestataires demandent du pain et plus d'argent. Ils veulent un nouveau président, une femme au joli nom de fleur. Le premier rang se prend par les épaules pour former une muraille plus compacte. Puis il commence à avancer à petits pas, vers les militaires caparaçonnés. C'est comme une danse traditionnelle mais tous les partenaires n'ont pas l'air amateurs de chorée. Thierry est à leur côté, il filme ces visages qui crient leur misère et leurs envies. Le chef de la police vient de donner l'ordre de charger les *riot guns*. Thierry a peur et cette peur lui donne des ailes. Il en veut plus, il veut atteindre sa limite, il veut sauter l'ultime obstacle mais sans en avoir conscience. Les cris redoublent chez les manifestants maintenant immobiles. Soudain des tirs. Les manifestants s'enfuient, courent partout, se couchent ou tombent, touchés par les balles.

« À terre, Thierry ! » C'est Dominique, son ami journaliste, qui vient de crier. Thierry n'entend pas, il alterne les prises de vue : la police, les manifestants, plan large, gros plan. Les salves sont assourdissantes, les gens partent en courant, en boitant, d'autres s'écroulent et sont tirés à l'abri, les jambes brisées. Dans le viseur, Thierry dévore les images, l'adrénaline le dope.

« Couche-toi, crie encore Dominique.

— *Gringo, capa de usted* », traduit un confrère espagnol déjà au sol, en montrant le bitume à Thierry.

Inutile, celui-ci cadre les militaires, la joue écrasée sur leur crosse, qui tentent d'ajuster les manifestants en fuite. Soudain, un fusil se tourne vers lui en plein centre de l'image. « Enfin… tire, connard, c'est mon scoop final. » On dirait un film du grand Sergio Leone. La scène est presque en boîte. Mais qui a dit « Coupez » ? Le militaire a détourné son arme.

Thierry tremble encore d'excitation. Déçu qu'une fois encore la mort n'ait pas voulu de lui, mais heureux d'avoir épargné Mathilde. L'émotion le laisse sans forces, assis par terre, sans plus aucunes certitudes.

Plus grand monde sur la place, à part les forces de l'ordre qui discutent de ce qui vient de se passer, comme des turfistes qui refont la course après l'arrivée. Les tracts, les banderoles déchirées jonchent maintenant l'esplanade de la cathédrale, témoins des paris perdus. Des corps sont allongés. Sur le parvis, l'évêque qui a quitté son habit de lumière regarde ses fidèles sacrifiés à sa cause, comme un matador triomphe une dernière fois de son adversaire à terre. Enfin, il monte dans sa luxueuse voiture noire qui l'emporte à sa résidence, non loin du palais présidentiel. Les soldats de Dieu ont essuyé une défaite mais ils reviendront et ce sera la victoire de la « Violeta ».

On rentre à l'hôtel pour visionner les cassettes. Au bar, les autres journalistes congratulent le héros du jour. Il est beaucoup question de ses *cojones* qui semblent déclencher l'admiration de ses confrères. Puis on se quitte, Thierry a gagné un surnom, désormais il s'appelle Rambo. Mais comment expliquer que ce n'est pas par courage qu'il s'est comporté ainsi, c'est simplement parce que rien ne l'attache ici ? Au fond, il veut mourir mais il a peur d'avoir peur, alors il charge les autres de la sale besogne. Ce soir, Mathilde est très en colère et lui reproche de prendre ses décisions sans se soucier d'elle.

« Pourquoi tu fais ça ? On peut raconter ce qui se passe ici sans pour autant provoquer les flics et risquer sa vie, non ? On est jeunes et on a encore plein de choses à faire.

— J'ai pas envie d'attendre la mort, je veux qu'elle vienne et que je ne le sache pas. Je suis une erreur, Mathilde, *nous* sommes une erreur et c'est tout… Une *erreur* ! Des hors-normes sans aucun intérêt pour la société ! »

Mathilde aussi en est consciente et, si elle se sent impuissante devant cette détresse, elle espère qu'un jour son temps viendra.

10

Ce dimanche matin, le soleil entre plein feu dans l'open space. Thierry, qui feuillette le planning des jours à venir, voit soudain passer une armoire. Heurtant les murs, elle s'engage dans l'escalier qui mène dans les étages, vers les bureaux en location. Étonné, il ne se manifeste pas et se replonge dans les plannings. C'est une deuxième armoire qui de nouveau le tire de sa lecture, et le fait se lever. Derrière le meuble, il trouve le porteur : un pull-over à col roulé vert prairie, presque fluo.

« Je peux savoir ce que vous faites ? » En réalité, le porteur est une porteuse.

« Bien sûr, je travaille pour la production du Globe et l'émission commence demain… donc j'aménage nos futurs bureaux… Ceux que vous nous avez loués !

— Mais vous êtes seule ?

— Pour l'instant, oui, mais mon assistant devrait arriver bientôt. »

Anne est une très jolie fille, souriante, ronde aux lignes féminines. De son visage, on ne voit que deux yeux noisette, qui ont l'air de rire tout le temps, mais qui peuvent aussi se durcir quand elle se met en colère. C'est le cas quand son assistant arrive enfin. Il n'a que trois heures de retard et les meubles sont déjà montés et installés. Alexis, c'est son nom, enchaîne interjections, quelques explications, quelques borborygmes aussi dans lesquels on entend fête... samedi... chichon... dimanche... fatigue... herbe ! Ses yeux bleu marine cherchent l'indulgence de sa patronne. Aucun espoir. « Demain, c'est 9 heures, Alex, tu as intérêt à être là. » Même Thierry y croit. Anne partie, il s'adresse à Alex, resté figé sur place.

« Elle a dû tout faire toute seule, vous savez.

— Vous ne l'avez pas aidée ? s'indigne Alex.

— Si, bien sûr, mais c'était à vous de le faire, je crois. En tout cas demain vous avez intérêt à être très à l'heure. »

La nouvelle équipe s'est installée, Thierry et sa sœur sont montés leur souhaiter la bienvenue au nom de la société. Mathilde sent bien que son frère est accroché par les yeux de la nouvelle productrice et le laisse seul avec elle. Thierry s'assure que tout va bien, au point qu'il se fait presque mettre à la porte par un « C'est parfait mais on doit travailler maintenant, on tourne demain, vous savez ». Accompagné d'un clin d'œil appuyé et d'un « Je gère » du bel Alexis, Thierry quitte à regret ses nouveaux locataires. Quand il redescend dans son bureau, il retrouve Mathilde. Assis dans son fauteuil, sans entrain, il trie lentement ses dossiers.

« Sympa la nouvelle, non ? J'ai comme une voix au fond de moi qui me dit que l'arrivée de cette production ne va nous attirer que des avantages, des choses positives.

— Elle n'a pas l'air de te laisser insensible en tout cas.

— Arrête, s'il te plaît ! Ce sont des clients et si la directrice de production est sympa en prime, c'est plutôt agréable, ça va nous changer des caractérielles habituelles, non ? Tu verras, ça va nous faire avancer, je le sens. »

Anne l'a complètement fasciné. « Elle est de la même race que moi. Elle est capable d'avancer seule s'il le faut. » Tout en pensant à elle, il reste à proximité de la porte d'entrée puis, se sentant un peu ridicule de la guetter comme un collégien, il descend à la machine à café. Son gobelet lui brûle les doigts. Il remonte lentement vers son bureau. Passant dans le hall d'entrée, il croise Anne avec sa collaboratrice Marie-Noëlle. Thierry se sent pataud, comme tous les mâles quand une femelle les a séduits. Ne sachant que faire ni que dire, mais voulant se positionner quand même, il se contente de tendre son café à la jeune fille avec un stupide : « Il est tout neuf, tout chaud. » Les yeux d'Anne le scannent de bas en haut.

« Merci beaucoup, monsieur, votre accueil est parfait.

— S'il te plaît, Anne, nous faisons le même métier et il est d'usage de se tutoyer. Alors respectons les traditions et appelle-moi Thierry. Au fait, tu m'avais demandé si j'avais une caméra disponible pour cet après-midi. La réponse est oui et c'est gratuit, ce sera mon cadeau de bienvenue. Es-tu contente ?

— Super ! C'est vrai que pour cette émission, il y a vraiment peu d'argent et qu'un tournage gratuit va nous donner de la souplesse pour le reste. Il faudra que je vous… que je te vois pour un devis pour deux caméras hebdomadaires.

— Pas de problème, passe me voir à l'heure du déjeuner et on calculera tout ça au plus juste. »

Plus tard, dans son bureau avec Mathilde, il se justifie : « Je dois faire un devis pour la jeune femme arrivée hier, je vais l'emmener au restaurant, un vrai repas d'affaires ! » Thierry sourit, sa jumelle le regarde, un peu attristée.

« Tu es au courant qu'il y a des appels d'offres un peu compliqués auxquels il faut répondre et que nous ne sommes pas en avance ? J'ajoute que c'est du flux et que si on gagne, il y a deux ans de travail derrière et 25 % du chiffre d'affaires qui est assuré.

— Mais pourquoi faudrait-il que je me prive d'un moment agréable, sans enjeu, juste plaisant, avec cette fille ? Tu crois que les devis ne peuvent pas attendre juste le temps d'un déjeuner ? À chaque fois que j'ai l'occasion de faire quelque chose qui sort de l'ordinaire, patatras tu me gâches la vie ! Eh bien moi j'ai envie de plaisir, voilà. » Il tombe assis dans le fauteuil visiteur.

« Tu as raison, va à ton déjeuner, ça te changera les idées et puis en fait, nous avons si souvent répondu ensemble à ce type d'appel d'offres que nous n'aurons pas besoin de beaucoup de temps pour le faire plus tard. Oublie, on verra ça ce soir. »

Quand Thierry sort de son bureau, il est fatigué. Fatigué de toujours avoir deux avis, deux voix qui parlent pour lui. Toujours trancher, toujours se montrer le plus fort. Il passe dans les différentes salles de montage, distribuant les plannings, s'assurant du bien-être de chacun. Arrivé dans les étages, il frappe à la porte des productions du Globe, et comme personne ne répond, il rentre sans attendre l'autorisation. Malgré la petitesse du bureau, quatre personnes travaillent ici. Anne est au téléphone, elle essaye de calmer la présentatrice de la future émission, qui ne veut pas mettre les pieds sur une péniche, lieu de tournage choisi par le réalisateur.

Le déjeuner est agréable car le soleil est de la partie. Anne est une bonne vivante, elle aime la bonne chère et le bon vin. Le problème du devis est réglé rapidement par Thierry, qui lui propose 60 % de remise pour qu'elle ait le temps de s'adapter. On ajusterait le tir dans trois mois. C'est plus que ce qu'elle pouvait imaginer. Ils parlent assez longtemps, les pieds au bord de l'eau du port de Paris. C'est elle qui décide de retourner travailler.

Plus tard dans le bureau, les jumeaux finissent de répondre au fameux appel d'offres.

« On ne peut pas descendre plus, conclut Mathilde, sinon on travaille pour rien et ça c'est réservé aux conquêtes de mon frère chéri… Il faut bien les attirer dans la nasse. » Thierry ne répond pas, sourit dans le vide.

« C'est une fille bien, tu sais, tu as tort de te moquer.

— Je ne me moque pas d'elle mais de toi, mon double, je l'ai vue avant que vous ne partiez déjeuner et elle m'a vraiment surprise… en bien… » Puis elle ajoute « Mais, de grâce, ne me mets pas au rebut sous prétexte que tu es avec une fille ! »

Trois mois sont passés et les prix n'ont pas été réajustés, évidemment. Par contre, pour ne pas alourdir le coût réel du « cadeau » fait à Anne, Thierry s'est investi sur les tournages et c'est lui qui réalise les émissions.

« Comme je suis payé par ailleurs, tu ne pourras pas dire que je mets la société en danger pour des histoires de cœur. » Mathilde s'est contentée de soupirer. Après tout, ce que Thierry veut pour sa boîte, c'est son problème, pense-t-elle.

C'est parce que Anne et Thierry terminent tard tous les deux qu'ils se retrouvent souvent le soir. Anne rentre dans le 18e arrondissement et Thierry lui propose toujours de la raccompagner. Elle décline à chaque fois sa proposition. Il a tout essayé pour la convaincre : l'insécurité de l'arrondissement, l'heure tardive, le manque de sommeil qui va forcément se répercuter sur la qualité du travail… mais rien n'y fait.

« Toujours pas ? questionne Thierry par habitude, un soir.

— C'est vrai que ce soir, je suis particulièrement fatiguée et que demain on attaque tôt.

— Alors laisse-moi t'emmener, ne sois pas bête.

— Merci, oui, je veux bien. » Le tour de Paris le soir par le boulevard périphérique ne dure pas bien longtemps. Thierry prend des nouvelles et veut savoir si elle est contente de la prestation offerte. Arrivé devant chez elle, près de la porte de Saint-Ouen, il coupe le contact, le silence dure quelques secondes de trop :

« Merci beaucoup, c'est vrai que c'est bien plus rapide et que je vais avoir le temps de me faire une vraie nuit. Si tu veux monter prendre un verre, je n'ai pas grand-chose mais il y a du café et il doit me rester un peu de tequila.

— C'est gentil mais je crois qu'il faut aller au lit. Une autre fois, quand tu seras un peu plus au calme… Mais là je crois que toi comme moi, nous avons besoin de dormir. »

En repartant le lendemain matin de chez elle, Anne trouve, posé sur son paillasson, un sac plein de croissants et de chouquettes, et une rose rouge, pendue à la poignée comme un fusil à son clou.

« Mais où a-t-il dormi ? »

***

« On doit partir pour faire le tour de l'Afrique, c'est pour la femme du président de la République. Elle a une ONG,

France Libertés, et veut faire un film pour établir un état des lieux précis du sida en Afrique. On doit traverser dix-sept pays africains, un avion privé à notre disposition, avec deux pilotes. Six semaines de tournage et un "cinquante-deux minutes" à monter au retour. »

C'est la responsable du planning qui, essoufflée par l'émotion, donne la nouvelle à Thierry au moment où il arrive.

À peine entré dans son bureau, Mathilde prend le relais avec de nouvelles questions : « Tu sais qui part ?

— Non il faut constituer l'équipe… répond Thierry.

— Il y a Dominique, un preneur de son, Polo ou Jipé, on ne sait pas encore, toi à la caméra et moi si je peux… pour assurer la production.

— Non, le montage se fera au retour et tu pourras assurer ici au cas où…

— Tu ne vas pas m'empêcher de partir avec toi sur une mission comme celle-là. Thierry, s'il te plaît, tu me fais payer quoi ? C'est vraiment dégueulasse ce que tu fais… »

Thierry n'écoute plus, il a tourné les talons et sa sœur parle dans le vide. Quand il rentre dans son bureau, le fax est en train de cracher un message : « Un médecin devra accompagner les équipes, tout comme un représentant de l'OMS. Étant donné la taille de l'avion Beechcraft, le poids du matériel embarqué, l'équipe technique ne devra pas excéder trois personnes. »

Thierry met le message sous les yeux de sa jumelle. « OK, je vois, il n'y a pas la place mais dans le cas contraire, tu m'aurais laissée et ça je ne suis pas près de l'oublier. J'en ai assez, vraiment assez d'être la sacrifiée de service. Tu peux le comprendre, non ? »

Journal

Je suis contente que nous soyons rentrés de ces voyages successifs en Amérique latine. Thierry est de plus en plus difficile à vivre. Parfois charmant, parfois méprisant et solitaire, et puis de nouveau adorable et prévenant. Je n'arrive pas à comprendre ce qui le fait changer avec autant de rapidité. Je lui ai reproché son attitude à Managua car il a risqué de nous faire tuer pour rien. J'ai reçu un déluge d'injures, de commentaires de mâle imbécile. Il m'a reproché d'aimer la vie au point de me priver de sentir la mort passer. Quel con ! Ce soir, au bar de l'hôtel, cet imbécile se pavanait comme un pigeon en rut devant ses confrères de la presse. Il a l'air content qu'on lui dise qu'il a des couilles, comme s'il ne le savait pas. Je préférerais qu'il se les fasse couper si cela le rendait moins bête. Mais non, ce soir, Monsieur est fier de se faire appeler Rambo, comme si ressembler à Sylvester Stallone était un compliment !

Le sentiment de ne pas savoir exactement qui je suis est parfois dur à vivre. N'être qu'un double intermittent devient un statut insupportable. Au Nicaragua Thierry a renforcé mon angoisse en nous traitant d'erreurs. Que veut-il dire ? Qui est l'erreur, est-ce moi, est-ce lui, est-ce nous ? Le fait d'être deux pour comprendre et pour faire ne me semble pas négatif, et puis quand il faut qu'il soit seul je disparais instantanément. C'est lui l'erreur, c'est lui qui s'affirme solitaire comme un cow-boy d'un autre temps. C'est lui qui porte la queue du paon !

Je n'avais pas pensé un seul instant que mon frère pourrait me mettre au rancart et ne pas me faire participer au film en Afrique. Je me donne beaucoup de mal pour ne pas intervenir à mauvais escient dans ses affaires mais il se comporte vraiment de manière injuste à mon égard. Je sais bien que quand il est in love, *je dois me cacher. Mais lui aussi sait qu'un jour ou l'autre, il aura de nouveau besoin de moi. Donc pourquoi ce rejet qui ne changera rien ? Comprendra-t-il un jour qu'il ne pourra pas indéfiniment me demander de me nier ? Je ne me vois pas rejetée pour toujours. Il a été tellement cruel que, pour la première fois de notre vie, j'ai pensé que cela serait peut-être préférable de le voir mourir au cours d'une de ses conneries.*

Mais non ! Moi je ne veux pas mourir ou bien alors c'est lui qui devra me tuer. Oui, qu'il me tue et qu'il s'admette une fois pour toutes en niant ses différences. Qu'il soit un homme, un vrai, tout en noir et blanc. C'est peut-être cela qui le rendrait heureux.

11

Il fait nuit sur l'aéroport du Bourget. Les voitures, phares allumés, éclairent l'avion qui attend, toutes soutes ouvertes. Le matériel conditionné dans des malles métalliques est placé au fond, les bagages personnels sont devant pour rester accessibles rapidement au prochain stop. Le représentant de l'OMS est un grand Sénégalais, un Wolof de plus d'un mètre quatre-vingt-dix. Bouba porte un boubou bleu électrique brodé d'or. Éclairé par les phares des voitures, on ne voit que lui. Le médecin de l'expédition, chargé de l'étude épidémiologique, est une femme envoyée par l'hôpital de la Pitié-Salpêtrière, la base française des maladies tropicales. Il est temps d'embarquer, on se serre la main, on s'embrasse, on se congratule. Mathilde aide Thierry à charger pour rester près de lui le plus longtemps possible.

Les pilotes s'impatientent : « Allons-y, il faut franchir les Pyrénées très tôt car sinon on va danser, c'est moi qui vous le dis. »

Bouba, pas très rassuré, relaye le message de sa voix grave :

« Allez, on embarque, on embarque, je n'ai pas envie de danser, moi ! »

Pour détendre l'atmosphère, le copilote informe ses passagers assis en rang d'oignons, le dos collé à la paroi de l'avion, que ce n'est pas obligatoire de mettre la ceinture, car sauf si le problème arrive tout de suite, elle sera inutile : « Quand on est lancé à trois cents à l'heure, rien ne peut vous sauver. »

Il sourit bêtement, fier de l'effet de son annonce. Ça y est, les deux moteurs tournent et, freins desserrés, l'avion va prendre sa piste. Pas de point fixe, on décolle directement sans problème. Bouba, en bon musulman, récite ses prières du plus vite qu'il peut. La plaisanterie du copilote semble avoir allongé la liste des obligations qu'il doit remplir pour sauver son âme. Altitude de croisière atteinte, les moteurs tournent rond, emmenant l'équipe à quatre cents kilomètre à l'heure vers l'Afrique, et d'abord le Sahara espagnol, au sud du Maroc. Là, il faudra se poser pour faire les pleins.

À peine l'avion a-t-il décollé que Thierry entend sa jumelle dans son esprit :

« Voilà, tu es parti. Privée de ce voyage, je reste seule avec ton amoureuse qui a, je l'ai su aujourd'hui, presque vingt ans de moins que toi. Alors ne compte pas sur moi pour m'occuper d'elle, je ne la verrai pas. Quant à toi, fais toutes les conneries que tu veux… puisque je ne suis pas là… À moins que le retour à la maison ne soit devenu quelque chose d'important pour toi… maintenant que de nouveau une femme, une autre que moi, t'attend. Bon vent. »

Le voyage pour atteindre Dakar, première étape officielle de ce reportage, a été long, trois jours complets, car il a fallu souvent refaire les pleins. Chaque arrivée, chaque départ apporte son lot de tracasseries administratives. Quelquefois l'accueil est chaleureux, quelquefois ce sont des kalachnikovs qui encadrent les voyageurs. Décollages et atterrissages sont devenus des routines pour tout le monde, sauf pour Bouba, qui s'obstine à prier pour que, en cas d'accident, tout le monde soit sauvé et que chacun gagne son paradis respectif. Thierry le taquine :

« Mais moi, Bouba, je vais aller où, puisque je ne crois à rien ?

— Je prie aussi pour que tu croies, figure-toi. »

À Dakar, la gentillesse, la générosité des Sénégalais fait oublier sa fatigue à l'équipe. Madame la femme du Président accueille madame la femme du Président sous les yeux du public joyeux et des caméras de télévision du monde entier… sauf celle de Thierry : un bel éclair bleu a éclaté dans le viseur au moment où il l'allumait. Les solutions locales s'avérant inefficaces, il est décidé de rapporter la caméra à Paris, d'en prendre une autre et de rejoindre l'équipe qui doit repartir pour Bangui, capitale de la République centrafricaine. Presque vingt heures de voyage, l'inverse de ce qui vient d'être fait.

À Paris, Anne a préparé les transferts et l'échange s'est fait sans problème. Thierry, dopé par la présence de son nouvel amour, ne sent plus sa fatigue et repart satisfait de ce contretemps. Sur la fin du parcours, des orages extrêmement puissants secouent l'avion avec une violence inquiétante. Les messages successifs des hôtesses ne rassurent plus les voyageurs, sanglés dans leur fauteuil.

« D'ici une demi-heure, nous allons nous poser sur la piste de Bangui M'Poko. Le temps d'atteindre notre destination nous permettra, en tout cas je l'espère, de quitter cette zone turbulente. » C'est un soulagement pour tous d'entendre la voix du commandant. Chacun reste donc assis, plus ou moins calmement, guettant la réduction du régime des moteurs, le bruit des trains d'atterrissage sortant de leurs logements, tous ces signaux qui annoncent la fin du vol.

L'annonce du « début de notre descente » est accompagnée d'une violente secousse qui fait basculer brutalement l'avion sur le côté. Visiblement, l'accalmie ne sera pas au rendez-vous, comme le pilote l'espérait. Chacun vérifie plusieurs fois sa ceinture, la resserre au maximum. Thierry regarde par le hublot. Les phares d'approche viennent de s'allumer, découvrant un vrai déluge horizontal. Sous ses yeux les volets sortent, les moteurs baissent de régime. Ça y est, on va enfin se poser ! L'avion descend toujours. Les quelques lumières de la ville sont avalées, rapidement effacées par le passage de l'aile. Sous l'avion, des bandes blanches viennent de signaler le début de la piste mais on va encore bien vite. La tour défile devant ses yeux qui ont le temps de lire « Bangui International Airport ». L'avion est encore visiblement trop haut. Le pilote remet les gaz. La fin du voyage est repoussée à plus tard. Pour la troisième fois les voilà alignés, pour la troisième fois poser l'appareil est impossible. La piste est de nouveau survolée à trois cents à l'heure. Thierry a peur et il en est surpris. Lui qui espérait mourir accidentellement il n'y a pas si longtemps craint cette éventualité, maintenant qu'elle se présente. Il pense à Anne et à cette mort possible, et c'est de sa jumelle dont il a besoin, et de sa force de conviction. L'autoritarisme stupide dont il a fait preuve pour ne pas l'emmener, tout cela lui revient à l'esprit, alimentant son remords.

« Mon Dieu… » Arrête avec Dieu, la peur n'a rien de divin. Nos histoires ne sont pas écrites, ce sont nos actes qui écrivent nos vies… Peu à peu, les phrases magiques de Mathilde le calment. Mathilde, qui semblait pourtant si loin, est là, dans son esprit, toujours présente.

C'est la cinquième fois que le gros DC10 se réaligne dans l'axe de la piste. Pour garder le contrôle et manœuvrer plus aisément, le pilote a décidé de conserver de la puissance. Cette vitesse excessive rend l'approche encore plus impressionnante. La petite musique imperturbable continue de massacrer Mozart et c'est le contact rude avec le sol, le freinage puissant couplé à l'inversion bruyante des réacteurs qui vont finalement stopper le vol d'UTA, là-bas, loin après le béton de la piste, les roues dans le gazon. L'avion fait son demi-tour dans l'herbe et reprend la piste pour amener ses passagers au plus près, devant l'aéroport. Pendant la manœuvre, la porte du cockpit s'ouvre et le capitaine entre dans la cabine. Sa cravate mouillée pend tristement sur sa chemise, elle-même collée à sa peau. Un, puis deux, puis tous les passagers applaudissent leur capitaine.

Thierry a passé la douane sans histoires, bien qu'il n'ait pas de bagages et surtout malgré la caméra professionnelle qui pend lourdement au bout de son bras. L'officier de service ne lui pose qu'une question : « Vous venez pour le match ?

— Bien sûr, répond Thierry, pas encore remis de son voyage. Au fait, l'avion privé avec des journalistes qui devait arriver en fin d'après-midi est-il là ?

— Vous connaissez son immatriculation ?

— Oui attendez… euh… F… S… D… P… c'est un Beechcraft King Air. » Il a retrouvé dans sa mémoire les lettres écrites sur l'aile, qu'il a regardées pendant si longtemps par le hublot.

« Je vais voir. » L'officier revient bientôt. Fier, presque au garde-à-vous, il énonce comme un aboyeur professionnel :

« Fox Sierra Delta Papa a dû retarder son départ à cause de l'orage d'une extrême violence qui s'est abattu sur Bangui. Son arrivée est prévue dans deux heures.

— Merci beaucoup monsieur, je vais donc l'attendre ici si vous me le permettez. »

À son arrivée, le reste de l'équipe raconte à Thierry combien ils ont été secoués par la queue d'orage qui traînait encore sur la capitale centrafricaine. Bouba, gris de fatigue, ajoute : « Tu sais, je crois que j'aurais préféré être à ta place dans un avion de ligne, lourd et confortable. »

Après le Sénégal et la République centrafricaine, l'avion emmène ses passagers dans un long voyage plein d'allers-retours, additionnant les heures de vol aux heures de vol. Apres dix-sept courtes escales, l'avion se pose enfin en République sud-africaine. À l'hôpital de Johannesburg, l'équipe des médecins missionnés fait son rapport devant les représentants de l'OMS. Le rapporteur termine par ces mots : « C'est toute l'Afrique qui est en danger de mort. »

« Messieurs, reprend la Première dame de France, il faut agir et agir vite. C'est une pandémie terrible qui s'abat sur vous et sur la terre entière. Le monde, vous le savez bien, ne sauvera pas les Africains. À Johannesburg, nous allons donc créer tous ensemble un laboratoire dédié à la recherche sur ce HIV assassin. La France apportera son aide technologique, je m'y engage. »

Pendant qu'on se congratule, que l'on trinque, Thierry est retourné à l'hôtel pour éviter d'avoir à filmer ces ripailles, dont il ne connaît que trop bien l'inutilité. Fatigué, assis sur une malle de matériel, les paroles de Mathilde lui reviennent en mémoire. « Il faut que tu choisisses, Thierry, et que tu vives conformément à ce que tu es ou que tu décides de rentrer dans cette normalité qui t'attire tant. Mais ce double jeu n'est plus possible car il nous brime tous les deux. »

Le matériel est reconditionné dans les *flight cases*. L'équipe doit repartir ce soir par l'avion personnel du président du Gabon. On fera une halte à Dakar, pour y déposer Bouba.

La piste de l'aéroport Léopold-Sédar-Senghor est avalée par l'Airbus. Dakar est déjà loin et Thierry voit encore la haute silhouette de Bouba le précédant dans les couloirs des hôpitaux africains, protestant contre les négligences, gueulant contre le laisser-aller, allant au chevet de malades pour les réconforter comme s'il les connaissait depuis toujours. « Bonjour », « *Djambo, djambo* », dit-il aux uns en swahili, pour les autres, c'est avec un « *Salam alaïkum* » qu'il les salue. Et c'est dans sa langue natale qu'il s'incline devant un vieillard sénégalais à la barbe toute blanche. « *Nanga def* », « Comment vas-tu ? » demande-t-il doucement au vieux, qui n'a plus la force de répondre et qui se contente d'un sourire fatigué accompagné d'un murmure.

Un grand bonhomme, encore un que je ne reverrai jamais… Que c'est con et difficile, ce métier !

Comme toujours quand il rentre de reportage, Thierry a du mal à se remettre dans le bain. Les problèmes du moment apparaissent si mesquins, si petits par rapport aux enjeux dont il doit témoigner. « Bien sûr, c'est ridicule, explique-t-il à sa sœur, bien sûr qu'on ne peut rien faire, mais…

— Mais quoi, Thierry ? questionne Mathilde.

— Rien, tu as raison, comme toujours, je comprends tout mais je ne ressens rien alors que toi tu sais tout comme d'habitude. »

Thierry consulte le planning… « Tiens, les productions du Globe tournent demain à la Grande Bibliothèque.

— Oui et a priori c'est toi qui réalises… enfin c'est ce qu'Anne a marqué ici. »

Cette information lui fait vraiment plaisir. « Ça c'est super ! Comment elle va, Anne ? »

Journal

Il était temps que cette mise hors-jeu forcée s'interrompe. C'est vrai que Thierry a eu besoin de moi pour ne pas retomber dans ses superstitions d'avant, surtout pendant l'atterrissage à Bangui, mais pour le reste je suis isolée, ostracisée. De nouveau, il est solitaire, renfermé sur lui-même. Quand j'essaye de lui adresser la parole, ses réponses monosyllabiques semblent l'épuiser. Il est clair que je l'ennuie. À peine ai-je droit à une ou deux confidences concernant son nouvel amour et pourtant je suis quand même concernée au tout premier chef, non ? Comment peut-il l'oublier ?

Je comprends cette fatigue aussi bien morale que physique, mais je ne supporte pas d'en être l'unique victime. S'il est fatigué, pourquoi reste-t-il avec Anne jusqu'à des heures si tardives ? Il est injuste, simplement injuste. Il s'est même moqué de moi l'autre jour parce qu'en montage, toutes ces victimes de la maladie du sida qui parlaient de leur souffrance ont fini par me nouer la gorge et me faire pleurer. Comme j'étais dans le couloir en train de me moucher, ce salaud m'a demandé de me reprendre... comme s'il y avait un interrupteur marche/arrêt des émotions. C'est facile de jouer les durs à plein temps. Mais serait-il aussi à l'aise, aussi sûr de lui, si je n'étais pas là ? Je suis devenue celle qui lui permet de se laisser aller et de se montrer faible, enfin.

J'ai l'impression que ma seule présence nuit à mon frère. Or je sais que je lui suis indispensable. Comment existerait-il sans moi ? Devrons-nous rester cet éternel duo inséparable et douloureux ? Est-ce sa virilité exacerbée et même caricaturale qui séduit ses conquêtes ou bien est-ce ma féminité et ma tendresse, quand il accepte ma présence ? Que représentent toutes ces femmes pour Thierry, que cherche-t-il à leur contact ? Quand je lui pose la question, il me dit qu'il se sent vraiment bien avec elles, que c'est bon de vivre avec un modèle, un exemple.

« Je n'ai pas envie de les posséder, tu sais, je ne veux pas les envahir mais simplement les habiter et vivre dans leur corps. Mon rêve, quand je fais l'amour avec une fille, c'est d'être absorbé par elle et ne plus en sortir. » Quand j'ai insisté pour qu'il me précise la place que j'occupe au milieu de ces femmes dont il respecte tant les libertés, il m'a juste dit que j'étais son souhait irréalisable, un devenir impossible car trop de règles encore me rendaient inaccessible.

12

La vie a repris.

Anne et Thierry ont tourné au Louvre, à la bibliothèque de l'Arsenal, au musée Carnavalet, au musée Grévin, au Petit Palais. Ils ont découvert un Paris inconnu. Ils se sont découverts aussi et ont fini par s'aimer. Aujourd'hui, ils sont à Beaubourg, là-haut, sur la terrasse, en plein soleil. Le tournage a eu lieu le matin et la production offre le déjeuner au personnel technique. Il faut dire que les circonstances sont exceptionnelles : c'est la fin de la saison et donc le dernier tournage. C'est aussi le dernier jour pour Anne qui a décidé de poursuivre sa route professionnelle en changeant d'employeur.

Le couple a eu un peu de mal au début. Thierry est toujours prévenant, essayant d'être présent sans être trop protecteur. La Bretonne, comme il la surnomme, n'est pas toujours simple. C'est une personne qui s'engage totalement dans ce qu'elle fait et qui ne supporte pas l'échec. Il s'agit donc de l'aider sans que cela ne se voit, de la soutenir sans qu'elle ne le sente. Thierry est heureux de vivre avec Anne et il veut lui faire plaisir. Tourner un film ensemble, partir loin, vers un pays inconnu, voilà qui devrait faire son bonheur. C'est un film, mais c'est aussi un voyage, ce n'est pas un cadeau c'est une collaboration. Ils partent donc pour le Laos tourner un film sur le dressage des éléphants. Hélas ! En arrivant sur place, mauvaise surprise, les renseignements étaient inexacts et ce n'est pas la bonne saison pour filmer car les couples éléphants/cornacs sont déjà formés et il ne faut pas perturber ces associations. Thierry a financé lui-même le tournage, hors de question donc de repartir bredouille. On prend la voiture pour rentrer à l'hôtel réfléchir à une alternative.

« Et si on montait dans le nord faire un sujet sur les communistes qui vivaient là-haut comme de vrais troglodytes pendant la guerre d'indépendance ? On irait aussi voir la fameuse plaine des jarres, dont on n'a toujours pas vraiment résolu l'énigme. »

Ils sont donc partis vers le nord du pays, jusqu'à Phonsavan. La première étape, Vientiane-Luang Prabang, se fait en avion car la récolte du pavot rend la route assez peu fréquentable. Après ce sont de longs kilomètres en voiture, sur une piste déguisée en route. Ravinées durant la saison des pluies, de larges plaques de bitume ont été arrachées par les eaux, rendant la chaussée chaotique. Soudain, sur le bas-côté, en haut d'une petite butte, Anne repère un homme, le casque sur les oreilles, qui balade devant lui une sorte de poêle à frire au bout d'un long manche, comme un chercheur d'or. Voiture stoppée, ils rejoignent cet homme qui regarde devant lui, attentif aux sons qui résonnent dans son casque. Il a divisé le terrain avec des piquets de bois reliés par des bandes de plastique rouge et blanc. Anne l'aborde en anglais :

« D'où êtes-vous, êtes-vous anglais ?

— Non, gallois ! » Anne poursuit ses questions et découvre que cet homme est, à lui seul, toute une histoire.

Réunis autour d'un café, dans la maison de leur hôte, celui-ci leur raconte qu'il est un ancien artificier de l'armée britannique et qu'il a travaillé sur les mines anglaises, pour les perfectionner. Et puis la guerre du Golfe est arrivée, rapidement les Irakiens sont en déroute, empruntant la seule route qui relie le Koweït à Bagdad. Mitraillés, bombardés, sautant sur les mines, ils ne sont plus qu'une armée virtuelle. Steve, lui, est venu sur place pour observer et quantifier les résultats, les améliorations qu'il a apportées à ses engins de mort. Intéressant, après une opération à grande échelle comme celle-là, de constater « en vraie grandeur ». Quand il arrive sur place, il y a un engin de travaux public qui creuse une tranchée, éventrant le bas-côté de la route. Derrière, il y a aussi un autre bulldozer qui, lame en biais positionnée au ras du sol comme un chasse-neige, repousse pêle-mêle les corps des soldats et la terre fraîchement creusée dans la tranchée. Ainsi disparaissent dans cette fosse commune, ouverte pour quelques secondes, les corps de ces pauvres bougres. C'est comme s'il fallait nettoyer la route très vite, pour la rendre à la circulation, oublier ce qui s'était passé. Le dispositif avance, avance sans s'arrêter. Steve est marqué par ce qu'il découvre. Il marche au hasard et, dans la terre encore meuble, il voit un corps bizarrement oublié par les engins. Il s'approche et découvre dans la main entrouverte du soldat la photo froissée d'une jeune femme. Cet homme marchait vers chez lui, la photo dans la main, regardant celle qu'il aimait, comme on regarde l'aiguille de sa boussole quand on s'est perdu dans le désert. Steve n'en peut plus. Il repart pour l'Angleterre rejoindre son régiment, écœuré.

« En Irak, j'ai vu de mes yeux le résultat de mon travail et j'ai démissionné de l'armée. Ça m'a coûté cher, conclut-il, car j'étais très bien payé. » Steve veut maintenant mettre sa connaissance des explosifs au service du déminage. Il vit au Laos. « Jusqu'à ce que j'aie fini », sourit-il en montrant des terres à perte d'horizon quadrillées par ses rubans de plastique rouge et blanc.

Après la guerre avec la France, ce fut la guerre avec les États-Unis. Pour aller bombarder le Viêt-Nam, les Américains passaient au-dessus du Laos, à l'aller comme au retour. Quand les cibles n'étaient pas identifiées, les bombardiers lâchaient leurs bombes n'importe où, pour éviter d'atterrir chargés d'explosifs. Ce sont ainsi plus de deux millions de tonnes d'explosifs qui ont été larguées sur les campagnes laotiennes. Steve estime à soixante-dix millions le nombre de ces « déchets mortels », comme il les appelle. Il veut maintenant consacrer sa vie à les neutraliser. Pour Thierry, ému par l'histoire, cela devient le sujet de remplacement qu'il cherchait. *Déchets mortels*, quel titre !

Le lendemain, ils ont rendez-vous avec le Gallois dans un champ « de l'autre côté de la ville », a-t-il précisé. L'autre côté de la ville est vite atteint. Phonsavan est un village dont les quelques maisons sont agglutinées le long de l'unique route. Un vrai décor de western où le vent, comme au Far West, déracine les buissons d'épineux et les fait rouler sur la piste. L'artificier a encore du travail : une bombe de 250 kg à sortir de terre, puis faire exploser les résultats de son curieux glanage quotidien. Au menu d'aujourd'hui, ce seront des mines antipersonnel et d'autres engins de mort dont il se méfie tout particulièrement, car ce sont des explosifs *home made*. Pendant qu'il gratte doucement la terre, à l'abri derrière un plexi bien mince censé lui protéger le visage, Thierry s'approche et s'agenouille pour filmer au plus près l'opération. Lentement, Steve déterre l'engin. Quand il arrive au démontage du détonateur, il demande à Thierry de reculer. L'explosion est spectaculaire. Belle image pour le film.

Pour enrichir leur reportage, ils rencontrent de nombreuses personnes qui leur racontent comment leur fille, leur fils, leur mari ont disparu, au sens propre du terme, en sautant sur une bombe non explosée. Ce matin, ils sont chez Saysana. C'est une maison sur pilotis, comme il y en a beaucoup dans le nord du Laos. Autour de la maison, plus qu'un jardin, c'est une micro-exploitation qui permet aux habitants de la maison de vivre. Il y a un potager, mais aussi un petit lopin de terre pour des céréales et puis une petite ferme, où poulets et cochons attendent d'être choisis, pour finir dans les assiettes. Victoire (c'est la traduction de Saysana) les accueille dès la porte de son jardin. Sur la droite, une longue auge métallique en fuseau est remplie de fleurs jaunes. Sur la gauche, une autre, identique à la première, est pleine de grain et sert de mangeoire aux poulets de la ferme. Et puis, çà et là, on découvre encore d'autres récipients détournés pour des utilisations diverses, mangeoires ou conduites d'eau. Saysana, voyant le regard curieux de Thierry, s'explique. « Ce sont des containers de bombes qui n'ont pas explosé. »

« Regardez », dit-elle en faisant rouler un de ces étuis sur lui-même. Au dos, sur une petite étiquette jaune, il est écrit : « Attention, pour ce type de matériel, le gouvernement des États-Unis d'Amérique ne peut garantir que 90 % d'explosions réussies. » Des fois qu'on les attaque pour manque de victimes…

Saysana les emmène alors chez elle. La maison n'a qu'une seule pièce, meublée de deux fauteuils en bambou et d'un canapé assorti. Là-bas au fond du salon, des nattes sont étalées directement sur le sol en bois. Parfaite hôtesse, Saysana sert le thé à ses visiteurs pendant que Thierry déploie son matériel vidéo. Malgré la gentillesse de cette femme, l'ambiance est lourde, car elle sait ce dont elle va devoir parler. Devant la gêne des Français, c'est elle qui finit par prendre la parole.

« C'était à l'époque des semis... Mon mari, aidé par notre fils, avait commencé son labour. Ils avaient déjà fait la moitié du champ, quand j'ai entendu cette explosion violente, brutale, méchante (elle cherche le mot qu'il faut)... La fumée est rentrée d'un coup par la fenêtre ouverte. Quand je suis sortie, le buffle qui tirait la charrue, couché sur le flanc, meuglait, blessé aux pattes. La charrue désarticulée fumait encore. De mon mari, on n'a retrouvé que des morceaux épars, de mon fils pratiquement rien. » Elle s'arrête de parler, regarde fixement la caméra. « Voulez-vous que je vous montre où ça s'est passé ? » Thierry hoche la tête.

Elle s'arrête à cinquante mètres à peine de la maison, et désigne un endroit de la main. L'herbe a déjà repoussé mais la marque au sol est bien présente.

« C'est probablement le buffle qui a déterré la bombe et puis c'est le soc de la charrue qui a... » Elle ne peut finir sa phrase, mais ne pleure pas.

Saysana a ramené ses visiteurs à l'intérieur de sa maison. Elle raconte sa vie, sa vie de maintenant. Elle doit nourrir sa fille encore jeune, qui doit aussi aller à l'école mais elle n'a plus « ses hommes » qui faisaient les gros travaux, elle a donc forcé sur l'élevage et troque ses poulets ou ses cochons contre du riz ou des céréales. Le potager lui donne des légumes frais, « mais c'est dur », conclut-elle.

Vient le temps des adieux, ce moment que Thierry déteste car c'est sûr, on ne se reverra jamais, malgré l'intensité de cette relation si brève. Pour aider ou pour remercier, Thierry sort un billet de dix dollars et en embrassant son hôtesse le lui glisse dans la main.

« Des dollars, l'argent de ceux qui ont tué ma famille, dit-elle en chiffonnant le billet dans sa main, comme pour l'écraser. Mais merci, vraiment, merci parce que j'en ai besoin. »

Matériel chargé, ils sont dans la voiture et regardent Saysana debout, toute droite sur le seuil de sa maison. Son poing est toujours fermé sur cette monnaie qu'elle est forcée d'aimer. On se fait signe pour un dernier au revoir, et quand la voiture démarre, la silhouette de leur hôtesse disparaît à l'intérieur. Adieu Victoire.

À l'hôtel de Phonsavan, Anne avait expliqué au propriétaire ce qu'elle cherchait comme témoignages. À leur retour, le tenancier tout sourire les accueille avec une adresse écrite sur un morceau de nappe en papier. Il s'agit d'un enfant, qui habite à l'entrée de la ville, il a joué avec une *bomblet* qui a fini par exploser. Ce sont des armes de la taille d'une balle de tennis, larguées dans des étuis en forme de bombe, comme ceux qu'ils ont vus chez Saysana. En arrivant au sol, le container s'ouvre et, sous le choc, répand sa centaine de *bomblets* mortelles. Santi a maintenant une épaule fixe, un bras droit sans vie et il boite bas de la jambe gauche. Ses joues portent quelques cicatrices. Mais Santi a aussi un magnifique sourire et des yeux qui brillent. Thierry lui a demandé de le conduire là où cela s'était passé. C'est un peu comme si on était sur la Lune, des collines pelées, qui se succèdent les unes aux autres, comme dans un dessin d'enfant. Santi procède, sans qu'on le lui ait demandé, à la reconstitution. Il tient dans sa main une *bomblet* imaginaire, la jette devant lui, puis avance vers elle en boitant. Il commente ce qu'il fait :

« Je l'ai jetée, elle a pas explosé. » Il la ramasse, refait le geste et répète sa phrase.

« Je l'ai jetée, elle a pas explosé. » Au fur et à mesure, il s'éloigne de la caméra, petite silhouette boiteuse, dans un décor triste couleur de terre sale. Seul Thierry l'entend dans le casque répéter sa petite phrase. Puis l'enfant s'arrête au milieu :

« Je l'ai jetée… » Les petits yeux se retournent vers la caméra. La suite, Santi ne peut s'en souvenir. Dans le coma, il a été conduit au dispensaire où, admis en urgence, il a été sauvé par le médecin local. C'est ce praticien qu'ils ont retrouvé et qui répond aux questions d'Anne.

« Vous savez, je me bats pour essayer de faire remarcher les blessés. Quand c'est un adulte, ces grosses prothèses en bois peuvent convenir, mais pour un enfant… c'est plus lourd que lui… Comment voulez-vous… Soixante-dix pour cent des victimes ici sont des enfants. Le plus souvent, vous savez, je ne peux pas faire grand-chose. Ces blessures sont terribles, car l'acier fond sous la violence de l'explosion et se durcit à nouveau au contact de l'air. Alors les éclats ont des formes bizarrement meurtrières, qui pénètrent dans les chairs et qui détruisent tout sur leur passage. »

Comme toujours, le retour à Paris est un peu difficile. Mathilde monte le film, elle n'a rien dit à son jumeau, elle n'a pas posé de questions sur Anne. Le document est terrible, poignant et sobre.

Une cassette est envoyée pour visionnage, à l'émission hebdomadaire de reportage de la plus grande chaîne nationale. La réponse revient au bout d'une semaine. Elle dit que cela n'intéresse pas la rédaction :

« Mais où sont les petites victimes ? » Les témoignages des parents, des médecins et des professeurs d'école, le personnage de Steve ne satisfont pas le besoin de morbide spectaculaire de cette émission, pourtant réputée sérieuse.

Après la colère, après la honte, Thierry écrit à la rédaction, une lettre qui va le fâcher à jamais avec la chaîne. Ironiquement elle excuse auprès de la chaîne les « petites victimes » qui se sont laissées réduire en chaleur et en lumière, sans avoir attendu la présence des caméras. *Déchets mortels* sera vendu dans douze pays, jamais en France.

L'attachement de Thierry pour Anne est devenu extrêmement fort, et sans doute, l'intensité de ce qu'ils ont vécu ensemble a rapproché encore les deux amants. Mathilde reste très discrète, sentant bien que cette relation n'a pas besoin d'une tierce personne. Son frère est heureux, il y a bien longtemps qu'elle ne l'a pas vu comme cela.

Pour se préserver des moments de tranquillité, Thierry est moins présent dans les locaux de sa société. Celle-ci marche bien. Il y a dorénavant, en plus des vingt techniciens, un commercial permanent.

Rémy est l'un des associés fondateurs. Il s'est absenté le temps que la société démarre et, depuis que celle-ci fonctionne, a rejoint le navire. Rémy est une personne transparente. Profitant des absences de son chef, il creuse son trou, crée des alliances, détruit un état d'esprit construit durant les cinq dernières années. Thierry, lui, est soutenu de manière inconditionnelle par ses clients, qui lui conseillent de mettre les rebelles à la porte. Mais il y a quelque chose de cassé dans sa tête et l'envie n'y est plus. Alors après une négociation écourtée pour cause de dégoût, Thierry quitte son navire avec une caméra et un peu d'argent, qui doivent lui permettre de repartir sur de nouvelles bases. Vaincu par écœurement, il part sans même prendre un verre avec les fidèles, ou ceux qui auraient dû l'être.

13

Anne, travaillant à droite et à gauche, ne se rend pas compte de la tristesse destructrice qui accapare désormais Thierry. Mathilde elle-même ne peut plus intervenir, ni parler à son frère. Elle a bien essayé de lui dire qu'il serait temps d'évacuer ses beaux principes moraux qui illustraient les livres pieux de son enfance, son frère s'enferme dans de longues périodes de silence. C'est le même malaise qui l'avait brisé à la mort de son frère.

Maintenant qu'il n'a plus le rôle social de gérant d'une société importante, trouver du travail devient difficile. Les amis de naguère deviennent des étrangers, qui se retranchent derrière des secrétariats fictifs, ou qui ne lui répondent même plus. Finalement, c'est Anne qui alimente ses commandes en le faisant travailler sur les films dans lesquels elle est partie prenante. Ballottée par des producteurs dénués de scrupules, qui menacent régulièrement de se retirer, ils font passer la jeune productrice par des angoisses bien inutiles. La réalisatrice elle-même n'en peut plus et part se reposer pour éviter la crise de nerfs.

La crise de nerfs, c'est ce qui arrive à Anne un soir. Épuisée par des journées sans fin, peuplées par des problèmes qu'il faut résoudre dans l'urgence, elle s'effondre. Elle est dans un état convulsif, roule sur elle-même, hurlant, pleurant, s'arrachant les cheveux. Thierry est impressionné et bouleversé par le spectacle. Et dans une colère folle contre ceux qui ont poussé à bout celle qu'il aime. Peu à peu, Anne retrouve ses esprits et pleure longuement, essayant d'expliquer d'une toute petite voix combien elle est fatiguée. Il lui caresse doucement les cheveux, en lui murmurant les mots qu'elle aime. Le corps s'apaise doucement. Elle d'habitude si conquérante, si autonome a craqué ce soir, sans arriver à se rétablir seule. Thierry n'admet pas les causes de cette faiblesse qui n'aurait jamais dû avoir lieu.

Le film, malgré ses ennuis d'édition, est présenté au festival du documentaire à Biarritz. Il obtient la récompense suprême, le FIPA d'or. C'est une grande joie pour Anne, productrice à part entière pour la première fois de sa vie, mais ce moment de faiblesse lui a prouvé qu'elle n'a pas les nerfs assez solides malgré son succès. Elle met donc un point final à sa carrière de productrice.

Les deux amants décident de s'occuper l'un de l'autre, de prendre soin de leur couple. Anne a demandé à Thierry de lui faire un enfant. Cela ne soulève pas l'enthousiasme chez lui. Les enfants, il connaît et il sait trop bien combien leur présence limite le champ des activités et combien cela réoriente la vie des parents. Cependant, l'amour qu'il a pour Anne lui fait dire oui malgré ses hésitations.

Thierry vient d'avoir 50 ans. Anne lui a fait la surprise d'inviter tous les gens qu'ils connaissent. Amis et famille sont conviés à 10 heures du soir dans le plus grand secret. C'est très difficile pour Thierry d'être fêté, car il déteste être mis en avant, il a horreur des honneurs parce qu'il pense toujours qu'une bonne partie ne lui revient pas. Une fois de plus, Mathilde devra rester à l'écart. Malgré cette sensation de malaise, il fait bonne figure, car l'amour qu'Anne a mis dans cette fête lui fait un plaisir immense. Parfaite maîtresse de maison, elle va d'invité en cousin, d'enfant à client, souriante à tous, heureuse et fière de son Thierry. Malheur à ceux qui diront du bien des anciens salariés, c'est un nouveau début qu'elle a voulu pour leur vie à deux. Comme toujours dans ces cas-là et a posteriori, Thierry est bien heureux qu'on lui ait forcé la main. Pour la remercier de la fête et pour dire un beau « oui » à son désir d'enfant, il va acheter pour Anne une bague en or avec trois émeraudes. Il accompagne ce cadeau par une lettre en forme de poème. Un texte en argot, pour rendre hommage à Jehan-Rictus, un auteur qu'ils aiment tous les deux.

Quand t'as fêté ma mi-parcours,
Cinquante balais, contre mon gré
J'ai fait la gueule, pour pas changer.
Puis j'me suis dit : cette gamin'-là
elle a pas tort, car tout compte fait
L'amour des autres, ça fait pas d'mal
P'têt même que ça aide à rester.

J'aimerais qu' l'anneau que j'te donne là
Y soit l'témoin de mon bref passage.
Comme tu peux l'voir, il a trois pierres
Entourées d'or pour être précieuses.
Ces trois cailloux, c'est tes trois hommes

Deux p'tits, un grand, pour le moment.
En espérant p'têt qu'un beau jour
Le grand sorcier y voudra bien,
En faire un d'plus dans not'clapier
Pour qu'tu sois mère à part entière.
Ça ça s'rait grand ! ça s'rait super !
Fais-le pour nous, ma chère moitié
Moi dans l'histoire j'peux pas grand-chose
Sauf pour l'début, mais l'grand frisson
Ça suffit pas pour faire un p'tit
Qui foutra l'pet dans not' maison.

Je t'aime !

Quelques semaines plus tard, rien n'arrive. Anne est profondément contrariée de voir son ventre rester passif.

Pendant quelque temps, elle reste un peu à l'écart de la vie active qu'elle menait. Puis un jour, elle annonce à Thierry sa décision. Elle ne veut plus avoir d'enfant, elle renonce à son projet et ne se réalisera que par sa réussite professionnelle. Sur le coup, Thierry est un peu décontenancé par ce changement de cap brutal. Il s'était fait à l'idée de cette nouvelle paternité. Devant la détermination d'Anne, il se plie à sa volonté. Le bonheur de celle qu'il aime ne se fera que par sa réussite, c'est dit. Mais les récents événements sont encore présents dans sa mémoire et il sait que cela ne sera pas facile, que cela coûtera cher.

Journal

Encore un voyage où je ne suis presque rien. Si deux ou trois fois l'émotion m'a fait intervenir malgré moi, cela a paru normal à tout le monde et ça n'a été interprété que comme de la compassion et non de la faiblesse.

C'est la première fois que j'ai pu observer Anne et vivre avec elle. Pour la première fois, j'ai senti combien nous sommes proches. J'ai pu parler et exprimer ce que je ressentais et nous étions en phase toutes les deux. Plusieurs fois j'ai vu Thierry très irrité, voulant me remettre à ma place. Probablement pense-t-il que j'en fais trop. Je m'en fous, je suis là, j'apprécie cette relation et je crois que c'est réciproque.

Bizarrement je n'ai pas été triste de voir Thierry loué par tout le monde le jour de notre anniversaire. Très gentiment, au cours de la fête, il a pris le temps de m'expliquer qu'il ne pouvait pas faire autrement et qu'il en était désolé car il savait qu'il me devait en partie son succès. C'est la première fois qu'il se comporte ainsi. Serait-il en train de changer ?

Ce soir, il m'a parlé de lui et d'Anne. Il m'a annoncé le renoncement d'Anne à avoir des enfants.

« Et tu es d'accord avec cette décision ?

— Bien sûr que je suis d'accord, Anne a vingt ans (il s'est repris), dix-neuf ans de moins que moi, il est quand même normal que je lui donne le choix pour les grandes décisions qui concernent sa vie.

— Mais si vous avez décidé de vivre ensemble, tu es directement concerné, non ?

— Écoute, de toutes les façons cette décision me convient, j'aurais accepté l'enfant, bien sûr, mais puisqu'elle a changé d'avis… et puis merde c'est pas ton problème ! »

Et il a changé de sujet. Il m'a expliqué combien il avait vu Anne souffrir et combien il trouvait cela injuste. Il m'a expliqué aussi que son succès lui avait été volé au festival de Biarritz. Que ça avait été une victoire à la Pyrrhus puisque la fatigue accumulée lui avait gâché son plaisir et empêché de profiter des honneurs de la victoire. Il m'a dit aussi qu'il voulait lui offrir le plaisir de s'exprimer dans son métier, pleinement pour une fois. Il veut lui donner le bonheur d'un tournage sans angoisses, un tournage plaisir. Ils pensent partir pour le Laos pour aller faire un film sur les éléphants et les enfants cornacs, pour montrer ce mode de vie. Je veux savoir si je serai de ce voyage. Il sait mon amour pour ces gros pachydermes, qu'ils soient d'Asie ou d'Afrique. Je lui rappelle que je lui ai volé cette petite statue en ébène, qui était sur le bureau de papa et que le grand-oncle avait ramenée du Laos un siècle plus tôt. Finalement, après m'avoir fait promettre de rester à l'écart pendant le voyage, il a accepté.

Je suis contente qu'il ait pris cette décision de m'emmener. Un peu pour le remercier, un peu pour le distraire, nous nous offrons mon frère et moi une séance de photos. J'ai organisé la prise de vue comme une vraie professionnelle. Mon ves-

tiaire est prêt, le maquillage aussi et Thierry a fini d'installer les lumières.

Nous nous sommes bien amusés au cours de mon « défilé ». J'ai pu montrer à mon frère que je suis une fille présentable et qu'il n'a pas à avoir honte de moi. Il en convient du bout des lèvres, puis il se reprend et me dit que tout cela est assez ridicule.

14

Les petites missions consacrées à la direction de productions sans intérêt ne donnent pas à Anne les satisfactions attendues. Bien payée pour son travail, elle s'ennuie. Elle est en attente d'une opportunité.

Dominique, le journaliste qui a fait les quatre cents coups autour du monde avec Thierry, possède une très belle et grande maison en Afrique du Sud, dans le quartier résidentiel de Pretoria. Cette propriété est devenue trop grande pour lui mais impossible de la laisser inhabitée et sans entretien. Il aimerait donc en faire une maison d'hôtes de luxe. Devant le bâtiment tout de briques rouges vêtu et dont le toit de chaume arrive à deux mètres du sol, un jardin fleuri descend jusqu'à deux suites luxueuses, totalement indépendantes. Un restaurant extérieur, couvert de chaume lui aussi, le *lappa* complète le dispositif. Pour faire tourner cette grande résidence, il faut du personnel. Trois femmes de ménage, une cuisinière, un portier, un jardinier, un chauffeur, chacun s'affaire dans son domaine. L'intérieur ne déçoit pas. Chacune des chambres possède sa salle de bain aux parois carrelées d'ardoises noires. Les murs aux tons chauds mettent en valeur un mobilier Belle Époque ou colonial, glané aux quatre coins de l'Afrique. Toutes les chambres portent un nom de fleuve africain. On peut donc dormir dans la chambre Congo, dans Okavango ou encore dans Nil ou Limpopo. La salle à manger est immense et se prolonge par une très belle bibliothèque. Aux murs de briques rouge foncé, des trophées de chasse sont accrochés. Le plus beau, c'est la tête d'un koudou, grosse antilope, qui dévisage le visiteur se réchauffant devant la cheminée. Animaux sauvages, toit de chaume, tout concourt pour que le voyageur soit transporté dès son arrivée dans le bush, les grandes plaines de *Out of Africa*.

Avant de décider de ce changement de vie, Anne et Thierry en ont longuement parlé. Cette nouvelle situation va dans un premier temps leur retirer une partie de leurs revenus, jusqu'à ce que la transformation de cette demeure privée en maison d'hôtes soit rentable. Anne, fatiguée par un métier qu'elle n'aime plus guère, a envie de partir sans oser décider de tout quitter, Thierry de son côté a retrouvé du travail et a encore beaucoup d'activités en cours. Il hésite. C'est pourtant lui qui va prendre la décision en poussant Anne à dire oui. Et elle en est ravie. Thierry la rejoindra tous les quinze jours, pour deux semaines. La solitude d'Anne sera meublée par tout ce dont elle va devoir s'occuper : former son personnel à recevoir, trouver une cuisinière digne de ce nom, faire la promotion de sa guest house, etc. Il faut tout construire. Thierry, lui, aura du travail à Paris et subviendra à leurs besoins. Et puis sa sœur sera là quand il se sentira trop seul.

Le premier voyage se fait à deux, onze heures de vol de nuit, « mais pas de décalage horaire », leur a affirmé

Dominique. Atterrissage à Johannesburg, « Jo'burg » comme ils vont apprendre à le dire comme de vrais « Sud-Af' ». Dominique a mis les petits plats dans les grands, il est venu avec la Rolls-Royce, conduite par le chauffeur de la maison. Une cinquantaine de kilomètres séparent l'aéroport de la maison à Pretoria. Par les fenêtres de la voiture, ils regardent la terre craquelée et les herbes privées d'eau depuis trois mois, brûlées par un soleil encore blanc. C'est la surprise, car ils arrivent de l'hiver européen pour entrer dans l'été austral. Pour Anne, tout est nouveau, c'est la première fois qu'elle vient en Afrique subsaharienne. De l'Afrique elle ne connaît que le Maroc.

La République sud-africaine a cette particularité d'être très « africaine » par certains côtés et très américaine par d'autres. L'autoroute qu'ils ont empruntée ressemble à celles du Nouveau Monde mais les véhicules qui roulent dessus portent le label « Afrique ». On croise ces camions longs comme des trains, ceux qu'on appelle les transcontinentaux, et puis d'autres camions hauts comme des tours, chargés grâce à des échelles qu'on a accrochées tant bien que mal à l'édifice bourrelé par des sangles tendues à se rompre. Il y a aussi des voitures dites de tourisme, de l'épave roulante, couleur rouille et pare-brise fracturé en toile d'araignée, aux berlines très haut de gamme, bichonnées par des peaux de chamois attentives. Plus tard, ayant pris la bretelle qui mène à la ville, le gazon gagne du terrain sur les herbes cramées du bush. Dans les rues ne circulent plus que de belles autos, souvent des 4 × 4 dont les pneus ne connaissent que le bitume des villes.

Pretoria est une ville en relief, avec de véritables vallées à l'intérieur de la cité. La *downtown* porte bien son nom car elle est dans la partie basse de la ville de monsieur Pretorius. La maison de Dominique s'appelle *Fashoda*, provocation de son propriétaire pour les Français de passage, et puis aussi petit coup de chapeau discret à un pays qu'il connaît et qu'il aime, le Soudan. On y rentre par une grille qui s'ouvre électriquement sous les ordres d'un portier qui guette le départ et le retour des voitures. En haut du jardin pentu, entourée de ses fleurs aux couleurs saturées, la maison laisse les Européens sans voix. C'est simplement magnifique. À peine descendus de voiture, les nouveaux venus sont soulagés de leurs bagages par des hommes souriants, heureux d'accueillir leur nouvelle boss. Là-haut, près de l'entrée, le personnel de la maison attend en ligne, habillé de noir. Anne, un peu impressionnée, passe ses troupes en revue.

Plus tard, assis autour des tables de la salle à manger tout le « staff » est là. Anne se présente à eux, son anglais est parfait et son émotion dominée. Puis c'est au tour de chacun de se présenter. Andreis le portier, beau gosse d'un mètre quatre-vingt-cinq, timide et encore plein des croyances ancestrales. Il n'a pas peur de garder l'entrée de la maison contre les attaques éventuelles de bandits durant la nuit, en revanche il faut que son lit soit surélevé et non pas posé par terre, pour éviter les tortures des « *tokoloshes* », sorte de djinns locaux. Puis c'est le tour de Martin le jardinier, le Zoulou de la bande. Martin est dévoué, prêt à en faire plus, au risque de faire des bêtises. Puis c'est le tour de Mickael. Il est de la même ethnie que Nelson Mandela et le fait vite savoir. Petit, rond, le chauffeur de la guest house se sent supérieur au reste de ses compagnons car il possède un « vrai » permis de conduire. Les femmes prennent ensuite la parole, plus humbles, plus timides. Ponsho et Daphnée, les femmes de ménage, et puis Maria, la gentillesse incarnée, qui chapeaute un peu les deux plus jeunes et qui est en charge de l'opération risquée du repassage. Maria a les rondeurs et la gentillesse de « Mamma », la gouvernante de Mam'zelle Scarlett. Enfin, seule Blanche de l'équipe, Kathrin la cuisinière qui se présente au garde-à-vous, repoussant sa chaise de ses cuisses puissantes. Kathrin est une Sud-Africaine typique, massive, taillée pour un futur grand trek. Son anglais est guttural, elle parle fort. On ne résiste pas à Kathrin. Les présentations effectuées, Anne expose son projet, que tout le monde écoute religieusement. Chaque question, chaque désir émis, suscite toujours la même réponse « *Yeaboo* », contraction africaine de « *Yes boss* ». Aussi, vers 13 heures, quand on propose de déjeuner tous ensemble sous le *lappa*, la réponse vient du cœur… et du ventre : « *Yeaboo* ! »

Il fait un temps superbe, la piscine est pleine, le cadre somptueux. Anne a son sourire des grands jours. Pour Thierry, le pari est gagné : sa Bretonne est heureuse et sa reconversion se présente plutôt très bien.

Durant les quinze jours suivants, on travaille sur la communication, on fixe les tarifs, on finit de décorer les chambres, on coud des chemins de table. Le temps passe vite à *Fashoda*. Thierry doit repartir le lendemain pour Paris. Ce soir-là, il discute avec Andreis qui voudrait réchauffer son dîner. Thierry lui montre le four à micro-ondes en lui précisant : « Une minute et ce sera chaud. » Andreis hésite, son bol à la main.

« Vas-y une minute, promis.

— Il y a des *tokoloshes* là-dedans, dit-il.

— Mais non ! » Alors pour le rassurer, Thierry lui prend le bol des mains et le met dans le four.

« Je vais m'en occuper, regarde... La minuterie... Voilà c'est parti pour une minute. » La porte est claquée, dedans le bol tourne, Andreis le regarde fixement. Soudain il y a un bruit sec derrière la vitre. Le gardien montre le four, sans voix. Thierry ouvre la porte. La faïence artisanale n'a pas résisté aux ondes des Blancs. Andreis préfère tout laisser en plan et ne pas manger. Il quitte la cuisine quasiment en courant, certain maintenant d'avoir vu les *tokoloshes* en action. Plus tard Thierry lui apportera son dîner chaud dans un bol en verre plus fort que les *tokoloshes* !

Le retour à Paris est un peu triste. Toujours onze heures de vol mais onze heures qui éloignent, onze heures qui séparent. Thierry n'a pas le moral. Autant le passage de l'hiver à l'été l'avait rendu heureux, autant son retour seul vers l'hiver le rend mélancolique. Mais sa messagerie lui redonne un peu de réconfort car il est invité à une soirée et puis, il y a des films à tourner, du travail en perspective.

Thierry s'est toujours un peu moqué de ce qu'il avait sur le dos. Son seul luxe sont ses bottes mexicaines avec un talon assez haut. Il y en a de toutes les couleurs coupées dans des cuirs différents : en crocodile, éléphant, autruche, et même en anguille, fierté de sa collection. Quand il doit changer ses vêtements, c'est vraiment que ceux-ci sont usés jusqu'à la trame. Alors il va faire ses emplettes chez des fripiers ou des grossistes. Mathilde n'approuve pas le manque d'élégance de son frère, mais n'a jamais réussi à le convaincre d'entrer dans un vrai magasin. « C'est pas important pour un garçon...

— Oui mais là c'est une soirée déguisée, il faudra que tu fasses un effort, au moins pour ne pas décevoir les autres convives.

— Que veux-tu que je me mette ?

— Viens, on va faire le tour des magasins et puis si on ne trouve rien, on essaiera le marché aux puces. »

Le shopping est long et vain et puis finalement, au fond d'une tente, roulée en boule sur un lit militaire rustique, ils découvrent une robe espagnole, une « *traje de flamenca autentica* », précise la patronne. La robe est longue avec un large décolleté en V aussi plongeant devant que derrière. Elle est blanche avec des pois verts et tous les volants qui gonflent la jupe et bordent le col et les manches sont gansés d'un satin vert encore plus franc. Thierry sourit :

« Je ne vais quand même pas mettre ça, c'est ridicule !

— Et pourquoi ? lui demande Mathilde. C'est pour un seul soir où il faut que tu sois déguisé... En plus elle est superbe. »

Thierry hésite : « Elle va être trop petite en plus... Essaye-la, Mathilde, il faut que je la voie sur toi.

— Vous avez *oune* cabine au fond, vas-y. »

Mathilde passe la robe et revient à la lumière. « *Magnifica !* s'exclame la vendeuse, elle est faite pour vous. »

Thierry paye ce qu'il doit et se justifie de son achat « C'est bien pour faire plaisir à ma sœur.

— *Qué* sœur ? *Qué hermana ?* »

Il prend le grand sac en plastique noir qui contient la robe et s'en va vite, sans répondre. Dans la voiture qui les ramène, Mathilde n'arrête pas de rire : « Ça va être super, tu vas voir... Avec une paire de mexicaines aux pieds, tu vas faire sensation. » Thierry est un peu honteux mais heureux de son achat. Mathilde l'a poussé à faire ce qu'il n'a jamais osé faire.

Maquillé par sa sœur, la taille serrée dans sa robe andalouse, Thierry fut élu meilleur déguisement. Un de ses amis s'excusera même de l'avoir dragué : « Excuse-moi, je ne t'avais pas reconnu. »

Ainsi leur vie va-t-elle maintenant passer avec une plus grande complicité, pour le plus grand plaisir de Mathilde, qui voit son frère de nouveau disponible pour elle. L'appartement trop spacieux pour lui, son isolement forcé rendent la présence de sa sœur assez bienvenue. Souvent, lorsqu'il rentre tard d'un tournage, Thierry est heureux de voir sa sœur lui préparer un repas chaud. Souvent, elle fait des recherches sur Internet, pour « tout » savoir sur ce nouveau pays, qu'elle aimerait bien connaître. Elle se constitue aussi une nouvelle garde-robe, bref elle s'installe dans une vie quasi commune dans l'ex-appartement du couple, tout en étant prête pour le grand départ. Le soir, quand les amants se parlent via les ordinateurs, elle reste à l'écart, pour ne pas troubler leur intimité. Elle a une grande admiration pour Anne, qui a osé franchir le pas et remettre sa vie en question.

Thierry passe ainsi de saison en saison, de maison en maison, de sa jumelle à sa maîtresse, ajoutant les heures d'avion aux heures d'avion, sans décalage horaire, sourit-il, en embarquant à Roissy pour la dixième fois. Comme toujours, Anne est là pour l'emmener « à la maison ». Comme toujours, ils font le point dans la voiture, analysant ce qui va et ce qui va moins bien, ce qu'il reste à faire. Un vrai bilan bimensuel en fait, qui permet aux amants de mesurer le chemin accompli. Pour combattre la fatigue du voyage, c'est un *breakfast* copieux avec pain maison et vrai bacon qui commence la journée africaine de Thierry. Aujourd'hui,

Anne est inquiète car elle n'arrive pas à atteindre les objectifs qu'elle s'était fixés. Le mois prochain, au grand salon de l'hôtellerie sud-africaine à Durban, elle doit présenter sa nouvelle guest house. Les quinze prochains jours seront donc consacrés à faire des prises de vue de toutes les chambres, de leurs commodités et du jardin, puis à faire imprimer une plaquette qui donne envie. L'autre souci pour la jeune hôtesse, c'est la direction de son personnel. Actuellement, le jardinier est en arrêt de travail, car il a scié la branche sur laquelle il était assis. Pauvre Anne, qui pensait qu'il ne s'agissait que d'une expression de la langue française. Martin, le jardinier, a expliqué que, en ouvrant le trait de scie grâce à son poids, le travail était moins dur. Le problème est qu'il a mal choisi son endroit pour tomber et qu'il s'est empalé sur la grille entourant la propriété. Heureusement pour lui, la pointe a épargné l'artère fémorale… La journée s'est écoulée sous un beau soleil, un temps parfait pour les photos. Dans la cuisine, Anne qui a mis Kathrin à la porte pour cause d'incompatibilité d'humeur et manque de raffinement certain, s'affaire désormais toute seule. Ce soir, huit personnes sont là pour dîner et comme ce sont des gens importants, elle souhaite se surpasser.

Thierry, lui, continue de faire la navette entre la France et l'Afrique du Sud. En France, le travail ne manque pas. Mathilde fait la cuisine et le ménage. Durant la journée, quand elle n'a rien à faire, elle se connecte sur Internet et passe des heures devant l'écran naviguant de site en site, draguant des correspondants américains. La liste de ses contacts est maintenant conséquente, et elle décide donc d'en faire le tri. Seules trois ou quatre personnes survivent à cette sélection. Parmi elles, il y a Jim, un homme qui écrit des mots doux et compréhensifs et qui a bien saisi la complexité de la situation de Mathilde. De loin, il lui donne l'assurance et le courage qui lui manque.

L'appartement parisien, au rez-de-chaussée, souffre d'un manque d'intimité. Les nombreuses fenêtres laissent passer le regard des voisins, des curieux et des visiteurs. Mathilde a donc décidé de masquer les ouvertures avec un film translucide. Le gardien a baptisé l'appartement « l'aquarium ». Ainsi clos, c'est devenu un refuge pour les jumeaux mais aussi une « grotte » fermée sur le monde. Le soir, ils s'y retrouvent, parlent, dînent à l'abri du monde, repliés sur eux-même. Peu à peu, ils perdent l'habitude de sortir, ne quittant leur repaire que pour aller chercher des vivres. Les voyages vers l'Afrique sont devenus les seules « sorties plaisir ». C'est probablement cette vie si différente entre les deux continents qui perturbe Mathilde et Thierry, en plus de la fatigue générée par les voyages.

À Paris, c'est la jumelle qui est en charge de la maison et qui a décoré l'appartement à son goût. Ici elle a le temps de s'occuper d'elle et de vivre comme elle le souhaite. L'autre soir, elle a même laissé Thierry seul, parce qu'elle a eu une envie subite de quitter la « grotte » et d'aller faire une balade le long des quais, près du champ de Mars. Thierry l'a laissée partir, finalement assez content de voir sa jumelle ne vivre que pour elle, pour une fois… Armée d'une nouvelle assurance que Thierry ne lui connaît pas, elle est restée dehors près de trois heures, avec la peur au ventre, à chaque fois qu'une silhouette inconnue s'apprêtait à la croiser. Le bruit de ses talons sonne comme une vraie musique à son oreille. Peu à peu, elle prend goût à ces croisements furtifs avec les autres noctambules. Une fois, elle s'est fait siffler discrètement par un admirateur anonyme… Fière, elle a quand même accéléré le pas, pour rejoindre sa voiture. La porte refermée, verrouillée, elle a souri, heureuse.

En Afrique du Sud, c'est tout le contraire : Thierry est le personnage central et il est toujours aussi heureux auprès d'Anne. Mathilde reste sagement dans son coin, invisible.

Cette double situation a duré presque trois ans et s'est compliquée à l'usage. Le transfert de l'autorité entre les jumeaux a fini par laisser des traces. Anne sent maintenant qu'il y a quelque chose qui ne va pas bien, mais elle ne sait pas quoi. Quand elle pose des questions à son amant, la réponse est identique et affirmée avec force : « Tout va bien. » La solitude forcée loin de celle qu'il aime, l'influence complice grandissante qu'il a développée avec sa jumelle font que, parfois, Thierry ne retrouve pas le désir qu'il croit devoir à sa maîtresse. Alors il y décèle tout de suite la responsabilité de sa sœur : c'est elle qui gêne. Quelquefois, il souffre aussi du manque de désir de la part d'Anne, mais il ne veut pas se comporter en mâle autoritaire, alors il feint de l'ignorer. De son côté, la Boss, comme l'appelle les Sud-Africains, n'attache que peu d'importance à ce manque. Elle se bat pour faire tourner son gîte de luxe et elle a mis sa relation amoureuse de côté. Les crises d'énervement de Thierry deviennent de plus en plus fréquentes, ses « pannes » se transforment en drames et les séjours sud-africains, synonymes de mauvaises performances, perdent petit à petit de leur attrait. Cette relation à mi-temps, idyllique à ses débuts, ne l'est plus : les problèmes ne sont plus qu'à moitié partagés et une partie de leur vie n'est plus commune. L'indépendance se mue en indifférence, tout doucement. Le plaisir de se retrouver est souvent entaché par les tracas du quotidien des uns, étrangers pour les autres.

Pour essayer d'amener du neuf dans leur vie, Anne a décidé de profiter, pour une fois, de la région qu'elle habite à plein temps depuis maintenant plus de deux ans. Elle a donc organisé un voyage, un long safari au Botswana, ce grand voisin un peu moins envahi par les touristes du monde entier que la pauvre RSA, trop médiatisée pour cause de racisme.

Le voyage est grandiose au travers de paysages magnifiques. Les nuits inquiétantes, pleines de bruits incompréhensibles, ajoutent à l'aventure. C'est un oiseau qui s'envole précipitamment, en s'applaudissant de ses ailes, ou bien des petits écureuils des sables, qui, tels des humains entassés dans des immeubles, se chamaillent la propriété de galeries souterraines. Et puis, il y a ce bruit, ce bruit grave, ce bruit que l'on perçoit plus qu'on ne l'entend. Au début on sent le souffle de l'air qui sort du fond du ventre, puis la vibration profonde se fait perceptible, prend puissance et se termine dans un souffle, soupir court et ultime du rugissement. C'est inquiétant, ça fait peur, c'est le lion. À l'abri de la toile bien mince, où l'on a pris place pour dormir, on parle dans le noir, essayant de comprendre, d'interpréter. On imagine, on essaye de se rappeler :

« Les lions peuvent-ils grimper ou pas ?

— Est-ce qu'ils chassent la nuit ?

— Non, que le jour, je crois.

— Et tu crois qu'ils seraient capables d'attaquer la voiture ? »

Ces questions sans réponses, censées rassurer les bavards, ne font qu'amplifier les craintes, ajoutant la peur aux peurs.

Au matin, les choses reprennent leur aspect habituel. Le jour si blanc à son réveil prend bien vite des couleurs et des ombres. La réalité chasse les fantasmes. Alors on descend de son toit, au début prudemment. Les coups d'œil circulaires ponctuent le retour sur la terre. Et puis la vue d'un écureuil qui vous regarde faire, intrigué, vous ramène le sourire.

Un matin, Anne annonce à Thierry qu'elle a été enceinte, mais qu'elle n'a pas voulu garder cet enfant. C'est une surprise difficile pour Thierry qui se souvient encore des analyses que sa femme lui avait imposées, quand elle était désireuse d'avoir des enfants. Cette horrible masturbation forcée, sans plaisir, dans une cabine minuscule, sale comme des chiottes de militaires, de cette revue pleine d'images sordides, au-delà du vulgaire, que l'infirmière lui avait prêtée pour le stimuler, occupe encore sa mémoire. Surpris, il ne peut que répliquer, sur le ton de la plaisanterie : « Il était bien de moi, tu es sûre ? » Le haussement d'épaules d'Anne balaie cette interrogation. Pourtant, les pannes de Thierry ajoutées aux refus de sa maîtresse et à l'intermittence de leur relation justifient cette question. C'est la première fois qu'il doute d'elle et qu'il doute aussi de lui. Et si derrière son manque d'appétit se cachait un vrai problème ?

Le voyage au Botswana prend fin au bout de quinze jours de plaisirs. De retour à la guest house, Anne s'est remise au travail, Thierry, lui, est reparti pour Paris.

Journal

J'ai beaucoup voyagé aux côtés de Thierry, mais je dois dire que j'ai rarement vu un pays aussi beau et varié que l'Afrique du Sud. La maison est une vraie splendeur et je ne m'y ennuie jamais. Le personnel est d'une gentillesse extraordinaire. Ponsho, une des filles qui servent en salle, m'a raconté son histoire. Elle a été enceinte très jeune et a dû se débrouiller seule jusqu'à maintenant. Ce soir, je l'ai ramenée jusqu'à l'arrêt de son bus. Il était 10 heures du soir et c'est là, m'a-t-elle expliqué, qu'un soir, un homme avait tenté de la violer. Elle avait été sauvée par l'arrivée du car. Courageuse, contrainte de repasser par les mêmes endroits chaque jour, elle espère à chaque fois que tout ira bien. Nous sommes restées à discuter dans la voiture jusqu'à ce que le bus arrive. Ce soir je pense l'avoir protégée de l'agression de l'un de ces mâles prédateurs qui tournent autour des femmes seules, attendant simplement de rentrer chez elles. Dans l'autocar en mauvais état, aux vitres souvent brisées, qui les ramène dans leur township*, à quelques dizaines de minutes de marche de leur maison « boîte d'allumettes », la peur les quittent lentement, jusqu'au lendemain.*

La réaction de Thierry quand Anne lui a annoncé qu'elle avait été enceinte m'a paru bizarre. Anne a le droit de faire ce qu'elle veut, même si elle a changé d'avis sur la question des enfants. Pourquoi ce brusque étonnement et pourquoi ces soupçons sans fondements ? Aucun bruit n'est jamais venu troubler leur relation. Et puis le temps des enfants est passé maintenant, il n'est plus question pour Thierry de réaffirmer sa virilité d'homme normal, il devra bien un jour assumer ses choix.

Nous partons ce soir, après le dîner. Anne a encore demandé à Thierry pourquoi il faisait de plus en plus souvent la tête. L'air profondément contrarié, il a nié toute tristesse et il a dû réaffirmer son amour pour elle. Amour fou, amour hors norme, amour au-delà du raisonnable, malgré les quinze ans qu'ils ont déjà passés ensemble.

Nous n'avons pas beaucoup dormi dans l'avion. Les inquiétudes d'Anne à son sujet rongent le moral de Thierry. Je lui ai demandé s'il y avait quelque chose que je puisse faire, s'il avait une idée des raisons de sa tristesse de plus en plus présente. Il est resté silencieux.

« Ce n'est pas à cause de moi au moins ?

— En fait si, j'ai l'impression d'avoir sacrifié ta vie pour sauver la mienne et pourtant je ne l'ai pas sauvée. Je suis un échec et, en plus, je suis contagieux car toi aussi tu es un échec. »

Il a bien martelé son « toi aussi » puis il s'est tourné de l'autre côté et a fait semblant de dormir.

J'en ai vraiment assez de mon double lunatique, je veux moins dépendre de lui. Je me suis inscrite sur un site de rencontres domicilié aux États-Unis et j'y ai mis quelques images de moi, celles de mon « défilé ». Le lendemain, j'ai eu un message d'un certain Jim, qui fait l'éloge de ma féminité et qui me félicite pour mon élégance si parisienne. Bien sûr, cela me fait plaisir et je le remercie vivement pour ses compliments. Jim me dit qu'il mesure un mètre quatre-vingt onze, qu'il a 60 ans, qu'il est conseiller auprès d'entreprises internationales et que parfois il vient en Europe, mais surtout en Italie. De l'Italie à la France, il ne reste pas beaucoup de chemin à faire et au prochain voyage, il me fera signe. Je montre son message à Thierry qui me traite de folle. « Tu ne sais même pas à quoi il ressemble, tu sais pourtant que sur ce genre de sites, il y a un nombre incroyable de gens qui ne viennent là que pour s'amuser au détriment des autres... C'est peut-être un de nos voisins mais c'est peut-être aussi un pervers Mathilde, méfie-toi quand même ! »

Je suis vraiment heureuse de la balade que j'ai pu faire hier soir, ou plutôt cette nuit. Je me suis maquillée soigneusement, habillée avec recherche comme si j'allais dans une soirée chic. Il y a trop longtemps que je reste dans l'ombre de mon frère. Et les amis que je me suis faits sur Internet et à qui j'ai montré des photos de moi me disent qu'il est grand temps pour moi de rencontrer d'autres personnes, que je dois m'émanciper. C'est vers 2 heures du matin que je suis enfin prête. J'hésite encore, bêtement j'ai peur, peur de quoi ? Je ne sais pas. La traversée des cours de notre immeuble, je l'ai faite sur la pointe des pieds, comme si j'allais réveiller tous les dormeurs en marchant avec mes talons. Une fois dans l'auto, je me suis sentie mieux, de nouveau à l'abri des autres. Je me suis insultée tout le temps du trajet jusqu'au pont de l'Alma où je me suis arrêtée. Ici il n'y a que quelques rares touristes insomniaques qui finissent la soirée par une promenade romantique. Je suis anonyme. Je marche sur le quai jusqu'à la tour Eiffel. Un couple me demande de les prendre en photo devant la Dame de fer française. Ils sont beaux, ils ont l'air heureux. Elle sourit à l'objectif pendant que les lèvres tendues de son amoureux l'embrassent dans le cou. Un jour peut-être que moi aussi... Ma promenade se prolonge vers le Trocadéro. En franchissant le pont, je m'arrête et je regarde la Seine. Elle est silencieuse, presque immobile, trop noire, trop froide. Froide comme la mort que Thierry veut nous imposer si souvent. Est-ce moi qui lui donne des idées aussi sombres ? Mais pourquoi ? Penchée en avant sur le parapet du pont, ma robe s'est un peu relevée derrière, dégageant la moitié de mes cuisses. Cela fait le bonheur d'un Britannique, qui brise le brouhaha du moment d'un coup de sifflet puissant. Je lui souris, reconnaissante de son enthousiasme. Lui m'envoie des baisers en continuant son voyage vers l'autre rive. Ce fut une belle soirée, j'ai pu profiter de ma ville en étant moi, enfin, sans rendre de comptes à personne. C'est une première et je suis heureuse, vraiment heureuse. Il faut que je raconte ma sortie à Jim, je suis certaine qu'il sera fier de moi. Merci monsieur l'Américain !

15

Le début de la semaine fut très mouvementé. Beaucoup de travail, beaucoup de déplacements et donc beaucoup de fatigue. Thierry se réfugie de plus en plus dans le silence. Il est allé voir son médecin, il a besoin de parler, de dire qu'il souffre à un étranger bienveillant. Il a fait les examens demandés, il a passé l'IRM, il a subi les prélèvements révélateurs : « Il y a un début de cancer de la prostate, mais c'est petit et, traité maintenant, ce sera sans gravité. »

Le doute dans son esprit qui a commencé à métastaser ses certitudes et ses valeurs vient d'être renforcé par un verdict bien réel. Thierry doit garder cela pour lui et ne pas en parler. En rentrant, il a trouvé un mail d'Anne. Ce soir, le message est plus long que d'habitude. Anne s'inquiète.

« Je voudrais que tu aies la certitude que tes pannes sexuelles ne sont pas importantes pour moi, elle ne doivent en aucun cas te casser le moral. S'il le faut, on achètera des petites pilules bleues et tout rentrera dans l'ordre, et on en rira. L'important pour moi, c'est que tu me parles, ne garde pas le silence, cela ne sert qu'à faire grossir des problèmes qui, pris à la racine, peuvent trouver remède.

Nous nous aimons, mon cœur, c'est la seule chose qui compte. Tu m'es aussi nécessaire que l'oxygène que je respire. Je t'aime. » Thierry a lu et relu la lettre d'Anne. Il regarde l'écran, les doigts prêts à répondre. Mathilde lit par-dessus son épaule.

« Elle a raison, tu sais, il faut dire les choses. Même à moi, tu ne me dis rien sur ce qui te fait du mal, c'est moi qui dois tout comprendre sans en parler. Partager sa souffrance, c'est la diviser.

— Ah bon, et si c'était toi qui me faisais souffrir, comment il faudrait que je te le dise ?

— Moi ?

— Oui toi, Mathilde, celle que j'ai isolée, cloîtrée toute sa vie. Je me rends compte seulement maintenant de mon injustice. En presque soixante ans, j'ai tout eu, tout. J'ai vécu les plaisirs de la vie, tous les plaisirs, et toi ? À part quelques rares moments de liberté, c'est quoi ta vie ? À quoi t'ai-je réduite ? Pourquoi n'as-tu jamais protesté, pourquoi cette soumission de martyre ? Pour me rendre encore plus coupable ? Pourquoi n'avons-nous pas parlé à papa ? Tu disais qu'il me faisait peur, que j'étais lâche ! Et toi tu n'avais pas peur de lui, peut-être ? Et comme tu le sais maintenant, je vais crever d'une maladie réservée exclusivement aux hommes ! Quelle mort détestable, inappropriée ! Ma vie est une merde, moi qui t'ai dominée uniquement parce que je suis un mec, voilà que je vais t'entraîner dans ma mort. En fait, je me déteste de plus en plus… parce que je t'aime de plus en plus ! »

Il pleure doucement tout en parlant.

« C'est vrai, Anne m'aime assez pour me comprendre et pour te donner ce à quoi tu as droit. Je vais lui écrire, lui dire que je suis un salaud sûrement pas aimable, alors que toi tu mérites de vivre, c'est ton tour. »

Plusieurs mails sont échangés, plusieurs coups de fil interminables et puis finalement le temps de retourner en Afrique du Sud est de nouveau arrivé.

Anne est là, comme toujours à la sortie des douanes, elle est belle, radieuse, souriante avec cette merveilleuse volonté d'être heureuse.

« Bienvenue, mon Thierry, et surtout bienvenue à toi, Mathilde. »

Le petit déjeuner est joyeux, sans tristesse dans le regard de celui qu'elle aime. Après leur tour d'horizon traditionnel, Anne raconte les nouveaux problèmes de sécurité inhérents à ce pays. Trois ambassades autour de la maison ont été attaquées. Même celle du Bangladesh, réputée pour ses richesses exubérantes, a été pillée. Le veilleur de nuit a été assassiné et les bandits lui ont volé son téléphone portable. Ce jeune Sud-Africain poignardé à mort veillait sur une bâtisse vide. Sa vie ne valait pas plus cher qu'un cellulaire basique : 50 rands maximum. Ce n'est pas tout, le voisin qui était parti en safari a retrouvé sa maison pillée et ses chiens empoisonnés. Et pourtant toutes ces demeures luxueuses sont plus que protégées par des clôtures électriques à haute tension et des gardes armés censés faire des rondes régulières. Le problème ici, c'est que pour arrondir les fins de mois, les gardes assermentés aident les intrus, et s'il y a un déclenchement d'alerte et qu'ils sont appelés par radio, ils signalent qu'ils sont sur place et que tout va bien. Curieusement, les alarmes sont souvent déclenchées par une branche cassée, ou toujours à cause du même chat funambule. Les commissions versées par les bandits sont sans doute modestes mais, bon an mal an, cela permet de vivre mieux.

C'est un peu la consternation. Certes, Anne n'est pas seule à vivre ici, il y a des hommes avec elle en permanence, mais quand même. Le chiffre d'affaires n'étant pas aussi joli que ce qu'Anne aurait souhaité, on décide de lever le camp. Dominique, le propriétaire, prévenu de ces derniers événements, approuve la décision. Il va vendre la maison à un haut dignitaire africain. Adieu l'Afrique du Sud.

La seule certitude, c'est que ni Anne ni Thierry ne veulent retourner en France. Ils ont accumulé un petit pécule, qui doit leur permettre de rebondir. Alors on passe du temps à regarder une mappemonde. Thierry, qui parle anglais comme un vrai Français, souhaite retrouver une communication plus aisée. Les chromosomes bretons d'Anne, privés de l'océan depuis trop longtemps, cherchent les bords de mer. Dominique leur propose de le rejoindre en Thaïlande, où il est déjà parti. Sans succès. La fameuse condition « pas de décalage horaire » étant toujours d'actualité pour Thierry le voyageur, le choix se porte finalement sur le Maroc. Destination Casablanca.

Journal

Cela faisait bien longtemps que je n'avais pas vu mon frère pleurer et, plus encore, pleurer devant moi. Les règles absurdes de notre éducation distinguaient les hommes des femmes grâce à ce genre de principes : « Pleurer est l'apanage des filles. » Ou bien : « Un homme qui pleure n'est pas un homme courageux. » Devant la honte et la gêne de mon frère à mon égard, je ne savais pas trop quelle attitude adopter. J'essayais de le convaincre qu'au final, c'était moi qui avais accepté cette décision et que si j'avais voulu refuser cette mise à l'écart, je n'avais qu'à le faire. Rien n'y fit. Seule la réponse d'Anne, rassurante, conciliante et constructive, put mettre fin aux angoisses de Thierry. Au début, pour que je puisse vivre normalement, elle lui proposa que j'habite dans une maison individuelle non loin de là, mais Thierry la découragea de ce projet. Vivre séparés était impossible. Ils se parlèrent quotidiennement, essayant de trouver la solution ad hoc pour tout le monde. Finalement, vivre à trois par alternance fut admis à l'unanimité.

À Paris, nous avons déménagé et j'en suis bien contente. J'en avais vraiment assez d'habiter dans la grotte. C'est quand même plus agréable de vivre avec le jour, même si le jour est gris. Thierry est un peu absent. Il ne veut pas me parler de son cancer et il m'a interdit d'en avertir Anne. J'insiste sur le fait que des hormones bien dosées peuvent au moins ralentir l'évolution de la maladie, mais il n'y a rien à faire. Il ne pense qu'au futur voyage en Afrique du Sud et à la manière dont Anne va réagir à ce changement, avec le temps. Oui, elle a compris que nous étions deux en un, mais à l'usage, ce partage forcé va-t-il être vivable ? Il rumine, malgré les derniers propos rassurants de celle qu'il aime tant. Elle l'aime assez pour accepter sa différence.

Ce soir, nous avons pris l'avion, en arrivant beaucoup trop en avance à Roissy. Thierry était si nerveux qu'il ne tenait plus en place. Le voyage a été particulièrement long, impossible de dormir. J'ai avec moi des cachets pour aider au sommeil, mais Thierry n'a rien voulu prendre. Il ne veut pas être fatigué en arrivant à Johannesburg demain matin. Je n'ai pas réussi à le convaincre que s'il ne dormait pas, il serait au moins aussi fatigué que s'il prenait ma pilule.

Comme toujours, il faut remplir les fiches de police en arrivant. Thierry a dû en redemander une car il avait fait trop de ratures. Finalement, c'est moi qui la lui remplis. Enfin, nous voilà près du tapis à bagages. C'est la dernière étape avant de franchir enfin la porte. Anne est face à nous, le stress tombe. Welcome in Africa ! *Connard !*

Ce qu'Anne nous raconte sur la situation dans le pays me fait peur et je me demande comment elle fait pour supporter tout cela en continuant à dormir, comme si de rien n'était. Je me souviens d'elle, il y a quinze ans, quand elle est arrivée comme jeune productrice indépendante et que Thierry lui faisait déjà part de son admiration. C'est à mon tour de saluer son courage.

J'ai approuvé la décision qu'ils ont prise de quitter ce pays malgré la douceur d'y vivre. En dépit de l'ardeur qu'elle a mise à lancer sa guest house, je crois qu'Anne constate les limites de cette opération. Et puis, même si cela marchait très bien, elle se voit mal attendre la retraite en recevant quelques rares compliments ou en écoutant les récriminations de clients, trop souvent insatisfaits car on n'en fait jamais assez aux yeux de ceux qui ont beaucoup d'argent.

Dominique est revenu de Thaïlande, et il nous décrit ce pays comme un nouvel Eldorado. J'ai eu peur qu'on se laisse emporter par ses arguments, mais non. Plus on parle, plus la ville de Casa semble être la bonne cible, même si le monde arabe et sa religion omniprésente nous fait peur. « Faut aller voir sur place à quoi ressemble Casablanca », a décidé Anne. Thierry, lui, est visiblement d'accord avec cette proposition, quant à moi, le simple nom de la ville me fait rêver, et complice avec Anne, je lui rappelle que Humphrey Bogart nous y attend peut-être encore.

Aujourd'hui, j'ai reçu des photos de Jim. Il a les cheveux tout blancs, des yeux bleu ciel. Il est vraiment beau, on dirait un acteur. Je sais maintenant où il habite : à l'angle de la 42e et de Colombus Avenue, à New York. Ce n'est donc pas un voisin pervers comme le craignait Thierry. Il me dit qu'il a vraiment envie de me voir mais qu'il aimerait, en attendant, avoir d'autres photographies de moi. Même en extérieur, ajoute-t-il, « pas la peine de faire un vrai "shooting" qui va te demander trop de travail ». Je lui ai renvoyé de nouvelles images faites dans l'appartement.

Jim vient en France dans trois semaines et il aimerait que notre rencontre soit pour lui l'occasion de visiter les châteaux de la Loire qu'il ne connaît pas ! Il me demande aussi de réserver un hôtel pour nous deux. Le regard des autres me fait encore trop peur et je lui propose de louer pendant quatre jours une maison d'hôtes à proximité des fameux châteaux. Il est d'accord et cette idée me ravit car je vais pouvoir m'occuper de lui à plein temps. Évidemment Thierry n'approuve pas, mais il accepte quand même, sans enthousiasme. Après tout, je m'en fous, maintenant je décide, je ne veux plus dépendre tout le temps de lui.

16

Thierry et Anne se sont promenés dans le centre de Casablanca. Ils ont abandonné la voiture, car pour « sentir » l'endroit, il vaut mieux se déplacer à pied ou en taxi. La ville est sale. La ville pue. La ville est bruyante, la pollution vous brûle les yeux et vous laisse un drôle de goût sur la langue. L'activité est folle, les voitures conduites de manière anarchique. Du haut de la tour d'un grand hôtel, la circulation ressemble à des processions de fourmis en sens contraire. On avance, on se cogne, on recule et on repart, quitte à se cogner à nouveau. Peu importe, les Casaouis sont programmés pour ça. Si les fourmis se télescopent en silence, le Marocain, lui, crie avec son klaxon. Il s'en sert tout le temps, avant, pendant et après le choc. Anne est atterrée. Le contraste avec le calme britannique des Sud-Africains est terrible. Assise à une terrasse de café, son jus d'orange à la main, elle regarde la fourmilière en train de vivre, en répétant à mi-voix « Mais c'est pas possible ». Thierry voit bien qu'Anne n'adhèrera pas à son choix. Il a noté des noms de quartiers réputés calmes et bourgeois, où ils iront voir les appartements.

« Dans ce quartier, une chaîne de boulangers français s'est installée… et puis autour, il y aussi les grands couturiers… un grand pâtissier… et puis un marchand de vins français… Allez, on va aller y déjeuner, il faut voir. »

Cette énumération, censée être convaincante, n'a pas eu l'efficacité escomptée. Assise à la terrasse de la boulangerie, Anne dévisage les gens. On se croirait dans une réserve d'animaux. Les fils et filles de bourgeois dorés viennent s'y montrer. Il faut bien sûr connaître tout le monde, donc on se salue bruyamment. Le manque d'ordre, la saleté acceptée, la parole non tenue des Marocains, le bruit assourdissant de Casablanca, rien ne lui plaît ici. Thierry, lui, est moins catégorique. Le désordre le fait rêver à une certaine liberté de vivre, la nonchalance méditerranéenne, comparée à la rigidité britannique qu'ils ont quittée, lui fait du bien. Il est aussi tombé amoureux de ces immeubles Belle Époque si nombreux dans la ville blanche. Quand il essaye de convaincre Anne, lui montrant la pureté des dessins, elle ne voit que les câbles électriques qui pendent le long des façades, telles des perfusions taries, sur des murs lépreux, déshydratés par les assauts de l'air saturé en sel.

C'est au deuxième voyage qu'Anne commence à changer d'avis. En se promenant vers le sud de Casa, ils découvrent un village, loin de la capitale vibrionnante. C'est une station balnéaire comme il en existait il y a cent ans sur les côtes françaises. Presque déserte hors saison, envahie par les citadins en mal d'air pur en été. Les plages de Dar Bouazza sont immenses et semblent se prolonger jusqu'à Casablanca. Là-bas, dix-huit kilomètres plus loin, le minaret de la grande mosquée, plus haut que le phare de la ville, borne l'horizon. Dans le village, beaucoup de maisons sont construites pratiquement sur la plage. Ces villas sont bien sûr prisées par les Marocains et il y a une liste d'attente. Qu'importe, cette perspective suffit à Anne, qui choisit une maison à deux cents mètres de la plage.

Elle va donc vivre au Maroc pour y faire de la formation. Le déménagement est rapidement fait car ayant laissé la quasi-totalité de ses affaires dans leur appartement parisien, elle n'a que peu d'objets à transporter, seulement ceux qui lui rappellent les trois années passées en Afrique du Sud.

17

Le cinquième étage où Thierry et Mathilde vivent désormais est dans le même immeuble qu'auparavant, mais il est beaucoup plus petit. Adieu les cent mètres carrés, adieu les fenêtres occultées. Cela fait bientôt quatre ans que les déplacements vers la RSA et maintenant vers le Maroc rythment la vie des jumeaux. Les clients qui leur sont restés fidèles commencent à se lasser. Leur présence à mi-temps complique beaucoup l'établissement des plannings, leur disponibilité n'est plus totale. Thierry sent aussi que dans l'esprit des clients, le Maroc comme l'Afrique du Sud, des destinations devenues routines pour lui, restent synonymes de vacances, de rêve. La jalousie non avouée des uns, combinée à la lassitude des autres, va faire diminuer le chiffre d'affaires peu à peu.

À la demande de Mathilde, Thierry a accompagné sa sœur jusqu'à la maison qu'elle a louée pour recevoir son ami Jim, puis ils sont allés faire quelques achats représentatifs de la cuisine régionale. Quand ils sont rentrés, Thierry a aidé à décharger la voiture, puis il est parti, en oubliant de rendre à sa sœur son portable. Restée seule, Mathilde s'occupe d'abord de faire le lit car les draps sont bien là mais pliés sur la commode. Puis elle a rangé ses affaires dans la penderie. Elle a pris de quoi s'habiller pour huit jours au lieu de quatre mais elle a préféré voir large, si jamais ce qu'elle a choisi ne plaisait pas à son bel Américain. Tout est maintenant en ordre dans la maison, les fleurs jaunes, des hélichryses, qu'elle a mises dans un vase trop grand, apportent quand même un peu de lumière à la pièce.

La gare de Saint-Pierre-des-Corps est en travaux et n'est donc pas très facile d'accès mais Mathilde a bien étudié son trajet. Ce matin, elle est trop en avance, elle le sait et elle attend dans sa voiture à l'abri des regards. Par la fenêtre entrouverte, elle entend les annonces faites en gare. Quand le train de Paris arrive, elle sort de l'auto et reste là, collée à son refuge, n'osant pas se rapprocher de la porte par laquelle sort le flot des voyageurs. Trop loin, elle a peur de laisser passer Jim sans le voir.

« Mathilda ! Enfin je vous trouve ! »

Elle sursaute à ce nom qu'elle n'a pas l'habitude d'entendre. Jim est là, derrière elle, emmitouflé dans un loden kaki plus anglais qu'américain. Il est coiffé d'une espèce de chapeau de brousse qui dissimule sa tignasse blanche, repère qu'elle pensait identifier facilement. Jim lui prend les deux mains et les écarte, la regardant de haut en bas. « Tu es encore plus belle que sur tes photos ! » Mathilde ose à peine parler et puis elle sourit et se réfugie entre les bras encore ouverts. « *Welcome, Jim… I'm so happy !* » Pendant le trajet du retour, Jim manifeste sa joie d'être avec elle. Il lui répète qu'elle est élégante et qu'il se réjouit de passer ce *break* avec elle. Plus tard, il s'excuse de ne pas la conduire :

il est incapable de passer les vitesses d'une boîte manuelle, il admire d'autant plus le jeu de ses pieds qu'ils sont armés de *stilettos*.

Leur hébergement est une partie d'un corps de ferme en U aménagée pour recevoir des hôtes. Mathilde a garé le gros 4 × 4 de Thierry dans la cour face à leur porte. De loin, le propriétaire du lieu leur fait signe de l'attendre puis il court vers eux. « Je voulais quand même vous souhaiter la bienvenue et vous dire que s'il vous manquait quelque chose, surtout n'hésitez pas à venir frapper à notre porte, il y a toujours quelqu'un. » Mathilde remercie d'un sourire accompagné d'un signe de tête. Jim est plus enthousiaste et, bien qu'il n'ait pas compris, répond d'une voix forte : « Merci monsieur ! » À l'intérieur, il n'y a qu'une pièce, sous une charpente entièrement chevillée à l'ancienne. Le toit est si haut qu'on peut se tenir debout même sur la mezzanine où trône le lit… Sauf Jim, qui se cogne la tête en visitant la « chambre ».

Au cours du dîner pris devant la cheminée, Jim explique gentiment à Mathilde qu'elle ne doit pas avoir peur de ce qu'elle est, une très jolie femme avec un vrai pouvoir de séduction sur les hommes. Il faut qu'elle en soit convaincue car c'est cette conviction qui va lui donner les bonnes attitudes. Mathilde l'écoute, essayant de le croire mais sa peur n'est pas morte pour autant. Elle explique à Jim que c'est grâce à lui qu'elle a osé et, qu'après son départ, elle aura bien du mal à ne pas retrouver sa clandestinité, où elle se sent à l'abri des moqueries et des ricanements. Jim est un homme bon et comme il voit bien que l'émotion de Mathilde est réelle, il n'insiste pas et sort ses cartes et ses guides. « Maintenant il faut préparer notre voyage car s'il n'y a pas beaucoup de kilomètres à faire, en revanche il y a beaucoup de choses à admirer. »

À chaque entrée de château, il faut prendre un ticket, se laisser dévisager, écouter les explications servies par une personne accueillante. C'est toujours la même peur du regard des autres qui envahit alors Mathilde. Elle s'accroche au bras de son Américain qui l'éloigne de la zone de danger en lui tapotant la main serrée sur son bras. « *Cool, sweet heart, cool…* » Ainsi ils vont faire le tour de toutes les demeures royales le long des fleuves tourangeaux. Pour certaines ils se contentent d'une vue de l'extérieur, pour d'autres c'est une visite complète. À Chenonceau où ils sont arrivés en toute fin de journée, le château leur appartient. Ils sont seuls à être encore dedans. Jim s'émerveille du luxe, du raffinement permanent. Avant de quitter les lieux, il fait asseoir Mathilde dans un fauteuil pourtant barré d'un ruban, juste pour une photo. « Ainsi vous êtes maintenant Mathilde, Dame de Poitiers ! » Ce sacre ne fait pas rire la gardienne des lieux qui les menace de leur dresser un procès-verbal. Terrorisée, Mathilde cache sa tête contre la poitrine de Jim et le presse de partir. Dans la voiture, ils reprennent leur souffle et rient de leurs bêtises en regardant la photo du scandale.

« Regarde, ma reine, comme tu es belle… Allez, allons-nous-en car ce soir, pas de cuisine pour toi, *darling*, il faut juste que tu te fasses très belle car j'ai réservé une table dans un restaurant *very famous*, noté comme excellent dans tous mes guides. Ce soir, on fait la fête car demain il faudra que je rentre aux U.S., mon bureau s'inquiète de moi… S'ils savaient ! Moi, je n'ai pas d'inquiétude sauf celle de ne plus te voir. »

Deux heures avant l'heure du départ pour aller dîner, Jim passe rapidement par la salle de bain pour que Mathilde ait tout le temps de se préparer. L'Américain ressort, une serviette nouée autour de la taille. « À vous, ma chérie. » Avant de rentrer, elle lui montre ce qu'elle compte porter ce soir. C'est une robe rose tyrien, doublée d'un voile plus foncé presque mauve. Le décolleté est sage devant et assez profond derrière. L'ensemble est plutôt court. Jim approuve son choix et lui tient la porte de la salle de bain ouverte. Elle, qui pourtant a souvent eu l'occasion de se maquiller, est tellement émue par la perspective de ce premier dîner qu'elle fait n'importe quoi et met une bonne heure pour être enfin prête. « Cela valait le coup d'attendre ! » la félicite Jim à sa sortie. Ils ont un peu de mal à trouver le restaurant mais de la route, ils aperçoivent les torchères qui balisent l'allée menant jusqu'au restaurant. En arrivant devant la porte, le voiturier tend la main à Mathilde qui y dépose les clés. Jim lui chuchote qu'elle ne doit pas s'inquiéter, qu'il l'aidera à être exemplaire. Alors il lui suggère de laisser son manteau au vestiaire avant d'aller s'asseoir, lui fait choisir la table, lui indique sa place face à la salle, devance les interrogations de Mathilde quelques secondes avant qu'elles n'arrivent.

Leur conversation tout en anglais n'a pas de temps morts. Quand elle finit de raconter une histoire, c'est lui qui parle de ses activités, de son mariage qui n'a pas tenu à cause de son job : « Trop de travail, pas assez de temps pour elle. » Mathilde enchaîne avec ses difficultés, parle du duel avec son frère, évoquant des solutions chirurgicales dont elle a entendu parler sur le Net. Jim connaît tout cela mais ne peut pas prendre de décisions pour elle. « En tout cas, pour moi cela ne change rien. »

Le repas est succulent et le vin de Touraine, s'il ne lui fait pas tourner la tête, emballe un peu plus facilement le cœur de Mathilde. Par moments, Jim s'arrête et la regarde avec un sourire plein d'amour. Une fois, il lui indique des yeux et de la main que sa bretelle de soutien-gorge n'est plus cachée par sa robe. Mathilde comprend et remet en place la dentelle noire. « Elle n'existe que pour moi », lui sourit-il. Cet homme est charmant et incroyablement prévenant, pense-t-elle.

Jim poursuit son histoire. Il a été juif pratiquant mais il a laissé tomber, cela lui demandait trop de temps. Il y a peu, il a commencé une analyse, « en douceur », précise-t-il, « car j'arrive à un moment de ma vie où il va me falloir accepter mon bilan. Le business n'est pas toujours très tendre, tu sais, et quelquefois j'ai du mal à admettre ce que j'ai dû être au cours de ma vie. La personne avec qui je fais ces séances est très altruiste et crois dans ce Dieu que j'ai un peu délaissé. Elle essaie de me réconcilier avec moi-même et ce n'est pas une tâche facile, elle veut que je me sente irréprochable. Ce sera dur, je crois. »

Sur le chemin du retour, alors qu'elle est en train de conduire, il met sa main sur sa cuisse : « Tu vois, *sweety*, tu as été parfaite car tu as été toi-même. Je pense que dans un mois et demi, il faudra que je sois à Barcelone… Que dirais-tu de descendre la Costa Brava avec moi ? Ce coup-là on louera une voiture automatique et je pourrai te conduire, comme il se doit. »

Abandonner Jim aux portes de la gare n'a pas été simple pour Mathilde. Cette courte période de vie en liberté, sécurisée par la présence de ce géant américain, reste comme un rêve dans son esprit, mais annonce un début de réalité.

Thierry est venu la chercher, il l'a aidée à ranger la maison et lui a rendu son téléphone. Elle a six messages qui proviennent tous d'Anne qui s'inquiète de ce silence de quatre jours. Elle est très en colère, surtout quand elle apprend l'escapade de Mathilde : « Tu es folle et complètement inconséquente. » Plus tard, par mail, elle dit pourtant avoir compris ce geste et à son tour, elle avoue une aventure marocaine sans lendemain. Thierry, exclu d'office de ces conversations, s'isole dans le silence. Il cherche une solution.

Anne se bat pour expliquer aux chefs d'entreprise marocains l'intérêt de former leurs personnels. Mais c'est un discours nouveau, sans conséquences immédiates, sans profit instantané, et donc les contrats ne sont pas nombreux… Quand les deux amants se retrouvent, c'est pour constater que leurs réserves financières fondent lentement mais sûrement. Anne a alors une idée. Bien qu'il n'en ait pas l'âge, Thierry, qui travaille depuis longtemps, peut déjà disposer d'une retraite intéressante. Cette somme d'argent mensuelle, insuffisante en France, couvrirait presque la totalité des frais marocains.

Se mettre à la retraite ? Pour Thierry, cela semble appartenir à une autre vie, à un monde irréel, qu'il ne connaît pas et qu'il ne veut pas connaître. Les pensées noires réapparaissent. Avant de prendre son avion, l'idée de l'accident revient dans son esprit. Il a peur de tuer sa sœur. Il l'écrit à Anne car il a besoin de lui parler une dernière fois si jamais…

« Mon amour, peut-être que je me fais des idées, mais comme presque à chaque fois, j'ai l'impression que ce voyage ne va pas bien se passer. Alors, s'il m'arrivait quelque chose, je voudrais que tu saches et que tu n'oublies pas que tu es la personne qui m'a donné le plus de bonheur au monde, que je n'ai vécu que par toi et que pour toi. Je veux que tu saches encore que je t'aime mille fois plus que le premier jour, celui où je t'ai découverte, cachée dans ton pull vert.

» J'ai peur – et pardonne-moi cette pensée orgueilleuse – que quand je ne serai plus là pour te regarder vivre et dormir, tu tombes dans ces doutes qui t'assaillent parfois. Tu dois croire en toi. J'espère que malgré mon indécision, mes envies, mes fantasmes impossibles, la dualité de ma personne, je t'ai aidée à passer des temps heureux.

» Détruis ce qui reste du côté sombre chez moi. Tu ne dois garder que le beau. Pour moi, avoir dû vivre dans ce corps que je ne comprends toujours pas est une douleur profonde, lancinante, qui j'espère ne t'a jamais affectée. Parfois j'avais l'impression de te tromper avec moi-même. Parfois j'avais envie de mourir, mais l'autre, celle avec qui je cohabite, avait envie de vivre. Comment tuer l'un sans l'autre ?

» Les sacs plastique noirs, pleins des anciens vêtements de Mathilde, qui sont sur les étagères, les cintres de la penderie avec ses affaires actuelles… ne les regarde pas et va jeter tout ça loin, que cela ne donne pas de prise aux méchants qui transformeraient ma souffrance en dérision. Un mal si grand et pourtant si grotesque. Un mal burlesque qui ne fait rire que les gens dits "normaux".

» Sois heureuse et diffuse le bonheur qui t'habite, tu le dois aux enfants, aux amis et surtout à toi-même. »

Il a cacheté sa lettre et l'a laissée sur son bureau.

Il est allé rendre visite à sa mère, qui s'inquiète de le voir si triste en permanence. Elle lui demande de parler, lui reprochant de toujours garder le silence, depuis si longtemps. Thérèse essaye de l'aider, de lui suggérer des idées autour desquelles il pourrait s'exprimer et parler enfin. Rien n'y fait. Elle est trop loin d'imaginer ce qui le torture. Souvent, il va la voir et elle sent bien que le problème est là et qu'il a besoin de révéler ce qui l'accable. « Tu ne me dis jamais rien » est une sorte de refrain qui revient périodiquement durant les heures qu'ils passent ensemble. Il se sent mal, il cherche à se comprendre, il a besoin qu'on l'écoute mais qui peut jouer ce rôle, qui lui ouvrira les vannes de la censure ? Anne et sa mère sont beaucoup trop proches, trop partisanes, trop impliquées dans les mécanismes de sa vie.

Mathilde arrive parfois à l'apaiser. Elle se pose les mêmes questions existentielles, mais arrive à les gérer ou bien à en faire abstraction. Ce soir, Thierry essaye quand même de parler avec sa sœur. Mais ce ne sont que des remords et des demandes de pardon. Mathilde connaît son frère, sait ses problèmes… et ses verrous. « Tu es malade, Thierry, et tu ferais mieux de t'occuper de nous car ta maladie est bien réelle. Demain va voir un médecin. »

Thierry est allé voir son médecin, qui lui a dit comment il fallait soigner son cancer : « Une ou deux séances de chimio légère…

— Avec perte des cheveux ?

— Peut-être mais pas toujours et puis les cheveux repoussent ! »

Il doit réfléchir. En fin de rendez-vous, son médecin lui recommande d'aller voir un analyste pour préparer l'*après*.

« Ce sera dur pour Mathilde d'être libre après soixante ans de prison… Il faut l'y préparer, un analyste mis au courant maintenant pourra l'aider pour la suite. » Aller voir du côté de chez les *psy-quelque chose* : une démarche difficile, exhiber son mal-être, montrer sa faiblesse, enfin, avoir la preuve qu'il a échoué. Une confession en somme, le résultat de son éducation.

Un homme pour être un homme doit se plier à une longue série de devoirs, bien inutiles, souvent stupides, censés donner la preuve d'une virilité évidente. Il a appris qu'il devrait protéger, procréer, produire, promettre, prouver, beaucoup de « pro » qui doivent le mettre en première ligne, en avant de l'autre. Thierry déteste ça.

Le premier analyste qu'il va voir ressemble plus à une caricature qu'à un médecin de l'esprit. Le cabinet-appartement du docteur Blanchard est gris, tout gris. Même les rangées de livres ocre cuir, qui ornent les murs du couloir, ceux de la salle d'attente et du cabinet, n'arrivent pas à faire oublier la grisaille de l'endroit. Quant à l'homme, il est adapté à son lieu. S'il reste sans bouger, vous ne savez plus où il est, absorbé qu'il est par son décor. Ses premières paroles concernent ses honoraires. Il explique qu'il est aussi médecin et donc qu'il peut faire des feuilles de soins et que, pour cette raison, avantageuse pour le patient, il prend un peu plus cher que certains de ses collègues, mais qu'une grande partie est remboursée. Thierry n'est pas venu pour entendre parler des petites mesquineries du docteur psychiatre et il coupe court aux préliminaires. Assis dans un fauteuil qui a dû être confortable, du fond duquel il est difficile de s'extraire, il regarde le docteur, assis dans un fauteuil identique mais encore plus défoncé que le sien. Ils sont séparés de trois bons mètres et il faut parler fort, pas question de murmurer, de se cacher. Ce n'est pas une confession, ce sont des aveux. Comme la séance se paye au temps, le docteur Blanchard a dissimulé une petite pendule derrière des livres, disposés en abri, sur une petite table devant lui. Lui seul a accès à cette mesure, comptable de sa domination sur Thierry, qui a bien du mal à ne pas y penser. Les mots ne viennent pas. Du regard, il appelle le docteur à l'aide mais le regard de celui-ci va et vient, ignorant la supplique. Soudain, l'aiguille de la pendule atteint son but et fait jaillir le praticien de son siège.

« Bien. Je regrette bien que vous ne soyez pas venu plus tôt car j'aurais pu vous guérir, je pense. Quel dommage ! Bien… » Il enchaîne sur les dates d'un futur rendez-vous.

« Bien, une fois par semaine est un bon rythme. Bien, je vous rappelle que si vous avez un empêchement, il faut m'en avertir vingt-quatre heures avant, sinon la séance est due. » Thierry marche vers sa voiture. Fatigué par ce nouvel espoir déçu. Rentré à la maison, il écrit une belle lettre à Blanchard pour lui dire tout de suite qu'il aura un empêchement définitif pour tous les prochains rendez-vous. C'est de nouveau son généraliste qui le pilotera vers un autre analyste.

Mathilde est assise en face de son médecin. Elle est angoissée car elle vient d'exposer précisément son problème. Celui-ci l'a examinée longuement et il est en train de lui faire une prescription pour des examens complémentaires. Pendant que l'imprimante crache le papier, il la regarde longuement :

« Je voudrais que vous dissociiez bien les deux choses. D'une part le problème hormonal et d'autre part, ses manifestations pileuses. Nous allons commencer par un dosage et puis ensuite nous allons corriger ce déséquilibre hormonal qui vous fait des misères. Ça va être long, Mathilde, et je veux des contrôles réguliers, car c'est quelque chose de délicat qui peut représenter un vrai danger, sur le plan vasculaire par exemple. Il faut surveiller tout cela de très près. Pour le reste, je veux parler de ces manifestations disgrâcieuses, je crois que je peux les supprimer avec ce laser techniquement très efficace. » Il désigne une grosse machine sur roulettes, d'où émerge un tuyau cannelé terminé par une sorte de pistolet de science-fiction. Pour aller vite, je vais me faire aider par une de mes consœurs qui traitera les endroits les plus difficiles. Je dois vous dire aussi que c'est souvent douloureux et que ce sera long… et cher. » Malgré cette dernière annonce, Mathilde est rassurée. La prise en main de son problème par son médecin la rassure déjà.

Thierry vient d'arriver chez son nouvel analyste. Autre personne, autre décor. L'endroit est petit. Tapissés de vert, les murs se cachent presque complètement derrière une multitude de tableaux. C'est intime, on s'y sent bien, Thierry se détend. La poignée de main du docteur Dona surprend par sa fermeté. C'est une femme toute menue, avec un regard profond, accentué par un maquillage sombre. Au-dessus d'elle un tableau, dont elle est l'auteur, montre une petite vallée, bordée de collines boisées, couleur sang, dans laquelle une toute jeune fille joue avec un papillon grand comme un cerf-volant. C'est un monde naïf où le bonheur semble évident, la vision d'un fœtus avant de venir au monde réel, pense Thierry. C'est pour cela, il en est sûr, que l'artiste n'y a mis que du rouge. L'image fascine Thierry, qui y voit un but, un encouragement à la parole. Alors il parle. Il parle et il prend son analyste à témoin. Il lui demande d'être aussi son juge mais quand même son alliée, de lui apporter la contradiction ou son approbation. Il veut lui soumettre ses tentatives d'explications, celles dans lesquelles il s'est autorisé à croire. Pendant plus d'un an, il va ainsi tenter de se comprendre. Il va apprendre à accepter les défauts qu'il jugeait insupportables, irrévocablement condamnables, les siens ou ceux des autres. Il va cesser d'idéaliser ceux qu'il aime ou qu'il a aimés, par choix ou par devoir, détruire ces statues vivantes et mortes, jeter à terre ses icônes sacrées, détruire sa maison qui ne tient plus debout. Il faut changer les fondations de son esprit, sans bouleverser ce qui a construit sa vie. Le docteur Dona le guide, étaye quand il faut, le soutient quand il s'écroule, lui tend la main quand il s'épuise. Souvent, une fois à sa voiture, il est assailli par un profond découragement, le sentiment qu'il tente l'impossible, dans un voyage mortel.

Pendant presque un an, Thierry a tergiversé. Prendre sa retraite lui apparaît comme quelque chose qu'il ne pourra jamais faire. Il comptait travailler longtemps, peut-être ne pas s'arrêter du tout, puisque son travail est aussi sa passion. Mathilde et Anne ne comprennent pas cette volonté de continuer une activité qui bientôt ne paiera même plus les billets d'avion, alors que là-bas, au Maroc, on dépense mais c'est de l'investissement pour l'avenir et puis il faudrait peut-être réunir leurs forces.

Les relations entre Anne et Thierry sont souvent plus tendues qu'avant. Mathilde de son côté complique les choses car elle prend plutôt le parti d'Anne que celui de son jumeau. Thierry est battu quoi qu'il fasse et finit par céder. Il prépare le dossier de sa retraite. Il va perdre ses clients, ses contacts, plus aucun retour ne sera possible. Cette décision le ronge, c'est le contraire de ce qu'il aime. Mais le futur bonheur d'Anne, la reconnaissance qu'il a pour elle d'avoir accepté de vivre avec sa sœur le poussent à accepter. Mathilde est heureuse. Elle est dans le camp de celles qui ont « gagné ». Anne a été sensible à son influence et les liens entre les deux femmes se sont resserrés. Elle a fait parler Mathilde de son adolescence volée, des dissimulations auxquelles son frère l'a contrainte. Anne ne comprend pas qu'il ait pu se comporter de la sorte, elle accuse même Thierry de lui avoir menti par omission pendant leurs seize ans de vie commune. Comment elle, ne peut-elle pas le comprendre ? Comment peut-elle confondre l'impossibilité de parler avec une simple dissimulation, un vulgaire mensonge ? La situation devient pesante. Anne s'adresse toujours à Mathilde d'abord, quand il s'agit de prendre une décision. Elle est abrupte avec son amant quand il propose une idée, donne un avis. Lui s'isole de plus en plus dans ses remords silencieux. Sa culpabilité lui fait tout accepter. C'est probablement, pense-t-il, ce qu'il doit payer à la vie pour se racheter de ce qu'il a fait. Vieux relents de ses règles religieuses impossibles à oublier totalement, ce rachat, version laïque, est obligatoire ; il doit payer. Le temps passe mais la relation est trouble, jamais plus Thierry n'est sollicité comme il l'était si souvent, à chaque fois que sa maîtresse avait le moindre doute. Quant à Mathilde, elle aide de son mieux à la bonne marche de la maison, laissant à Anne tout son temps disponible pour développer la société.

Les séances avec sa psy lui font du bien au point que le rythme d'une fois par semaine lui semble maintenant insuffisant. Le docteur Dona l'aide en le poussant dans ses derniers retranchements, pour qu'il libère sa pensée définitivement. Tous les sujets sont abordés, surtout ceux qui sont enracinés au plus profond de son cerveau. La semaine dernière, c'est la religion qui était abordée et c'est de nouveau le sujet du jour.

« Pendant longtemps, j'ai eu une foi incroyablement profonde et naïve dans la religion catholique. Cela m'apportait du réconfort et m'aidait à supporter les tourments de la vie. Si j'ai grandi avec cette religion dans la tête, elle n'a pas grandi avec moi. J'ai toujours cru que faire le bien m'apporterait du bien, envoyé par la main divine, et que, *a contrario*, faire le mal était puni par cette même main infaillible. Que juste après la mort, les comptes étaient clos et nous étions dirigés vers l'enfer, le purgatoire ou le paradis, en fonction de nos mérites respectifs. »

Le plaisir, dans mon esprit de l'époque, n'est pas une « faute » et puis un jour ce même plaisir, celui des jeunes garçons, est devenu un mal, un péché mortel, comme on disait en ce temps-là. À cette même époque mon confesseur, l'abbé Leriche, était l'ancien exorciste de Notre-Dame-de-Paris. Il me parlait des cas de possession par le « Malin », ce qui m'impressionnait beaucoup du haut de mes 6 ans.

Un dimanche matin, ma mère est entrée dans ma chambre pour me tirer du lit. Il était temps de partir pour la messe. Occupé par ma besogne, je ne l'avais pas entendue arriver, si bien que quand elle est entrée, me surprenant en flagrant délit pour la énième fois, elle ne trouva pas d'autres mots que « Mais tu es vraiment possédé ». Ce fut un peu comme si mon confesseur me condamnait à l'enfer. Depuis, une culpabilité profonde a accompagné tous mes moments de jouissance. « *Post coitum omne animal triste, nisi gallus qui cantat...* »

Mais je n'étais pas du tout un coq et je n'avais pas envie de chanter. La petite mort, disait-on au XVIIe siècle, c'était bien cela, une petite mort mais en état de péché mortel.

À la maison, les deux jumeaux se retrouvent et se racontent. Mathilde revient de sa séance d'épilation. Ses joues, son menton, son cou sont rouges et vultueux. Mathilde parle à son frère de la douleur de ces séances, de la brûlure interne que cela représente. Aujourd'hui, après deux heures de tourments, elle n'a plus qu'une envie, c'est de se faire couler un bain et d'aller y pleurer, le temps de trouver l'apaisement. Thierry, lui, est accablé devant les souffrances de Mathilde. Lui, qui a la douloureuse certitude de lui avoir volé une partie de sa vie, supporte mal les supplices nécessaires infligés maintenant à sa sœur. De son côté, il lui parle aussi de ses entretiens avec le docteur Dona. C'est une sorte de rappel pour lui, une sorte de confession publique. Plus le temps passe et plus il se sent inférieur à elle et souhaite disparaître, pour qu'elle puisse enfin vivre. Demain ils partent vers le soleil mais si la première est heureuse d'aller retrouver son amie Anne et les plages marocaines, le second est triste et redoute le mépris permanent de sa maîtresse.

Anne a fini par décrocher un contrat avec une grosse société marocaine de téléphonie. Enfin ! C'est le premier vrai contrat. Écriture du scénario, casting, tournage, montage. Le plaisir retrouvé de faire un film redonne un coup de fouet au couple. Ils travaillent ensemble et Mathilde reste à l'écart comme au bon vieux temps. Les deux amants travaillent d'arrache-pied comme avant, comme quand ils se sont rencontrés. Le client est content, un peu d'argent rentre enfin, et la joie de vivre revient aussi. Ce succès permet de produire d'autres films et la situation financière s'améliore peu à peu. Le seul point noir au tableau est leur couple, qui n'en est plus un.

Que ce soit à cause de la fatigue, du travail ou bien pour le punir, plus jamais Anne ne se donne à Thierry, plus jamais elle n'a envie de son amant. La prise d'hormones l'emmène là où il veut aller mais face à Anne, il est honteux de ne pouvoir faire naître du désir malgré cet amour toujours si fort.

Journal

Je comprends qu'il soit difficile pour Anne d'apprécier ce changement brutal de vie. Le Maroc est si différent de l'Afrique du Sud. Pour l'instant, elle ne voit que le mauvais côté de ce nouveau pays. Nous sommes allées déjeuner au marché central. Après avoir acheté des huîtres et du poisson, pour un prix incroyablement bas, nous sommes allées nous installer en terrasse de l'un des restaurants qui entourent le marché. Anne n'en revient pas de la facilité avec laquelle les Marocains se lient, et la gentillesse dont ils font preuve avec des inconnues.

J'ai souvent des messages de Jim, presque quotidiennement. Son voyage en Espagne a été reporté, il ne sait pas quand il aura finalement lieu. Au fur et à mesure des messages je le sens différent, parfois plus abrupt, il n'est plus tout à fait le même. Un jour, il m'avoue qu'il a été obligé de faire traiter un cancer de la calotte crânienne. « Ce n'est pas grave, précise-t-il, mais cela m'a angoissé. » De mon côté cela me rassure car je ne semble pas être mise en cause. Alors je lui demande où il en est de son analyse, s'il commence à en ressentir des effets bénéfiques. Il m'avoue que cette femme psy le culpabilise peu à peu et qu'elle aimerait bien qu'il devienne véritablement irréprochable : « Elle m'a même suggéré d'interrompre ma relation avec toi, tu te rends compte ? D'après elle, ce n'est pas bien que nous nous voyions, ce n'est pas sain. »

À notre retour à Paris, Thierry et moi sommes tombés malades. Impossible de sortir sauf pour aller voir les médecins ! Je suis contente que Thierry suive des séances avec madame Dona, même s'il a l'air triste et fatigué quand il rentre de ses entretiens. Inquiète, je me demande souvent s'il n'a pas commencé trop tard ce type de consultation, si ce n'est pas dangereux pour lui de se remettre autant en question, de se déstabiliser si profondément. Très égoïstement en plus, quand Thierry souffre, je souffre aussi. À la fois j'aime cette dépendance qui nous unit si fort mais parfois je me demande si tout cela est bien raisonnable, si cette situation ne nous emmène pas vers le drame.

De mon côté, je voulais faire disparaître ces poils disgrâcieux qui me gênent de plus en plus. Heureusement, mon docteur, qui me suit depuis longtemps, ne s'est pas contenté de me les retirer avec sa machine. Il a commencé à corriger un important déséquilibre hormonal. Je dois maintenant faire très attention à tout ce que je mange car le traitement m'expose à des complications dangereuses. J'ai reparlé avec Jim de la dextérité des chirurgiens thaïlandais mais il a de nouveau été très évasif. « Cela est-il si important ? La sagesse n'est-elle pas de nous accepter nous-mêmes, tels que nous sommes ? Faut-il encore rajouter des souffrances alors que la vie nous en distribue déjà tant ? » Jim ne le croit pas. Il y a presque du reproche dans ses propos. C'est normal avec tout ce qu'il a traversé lui aussi. Pourtant je doute un peu que ce soit lui qui emploie ces termes. Ce fatalisme ne lui ressemble pas. Cette psy imbibée de doctrine monothéiste parle visiblement par sa bouche.

Les séances d'épilation au laser sont supportables même si quelquefois le médecin doit me maintenir solidement pour que je ne bouge pas. Il n'en va pas de même pour l'épilation qui procède par électrocution du bulbe pileux. Chaque poil est traité plusieurs fois… Le soir même, la peau est rose et le lendemain, rouge ou même violette, elle suinte par tous ses pores. « C'est une brûlure sans gravité », tente de me rassurer le médecin. N'empêche que le lendemain, j'ai des lèvres de mérou. Je n'ose pas sortir et prétexte une intoxication alimentaire doublée d'une crise d'allergie fulgurante pour annuler un rendez-vous.

J'attends la fin de la semaine avec impatience car nous partons pour le Maroc. J'ai envie de voir Anne et qu'on aille à la mer.

18

Cet été, pas de chance pour les musulmans, le ramadan va se situer durant le mois le plus chaud de l'année : le mois d'août. Les imams ont scruté la lune longtemps, ils ont refait leurs calculs savants. Jeudi marquera le premier jour de la période sacrée.

C'est une époque où il vaut mieux être ailleurs. La privation de nourriture, de boisson et de cigarettes pendant la journée rendent les Marocains terriblement irascibles, dangereux, quasi invivables. Les excès du soir et de la nuit mettent leur vésicule à rude épreuve et le mal de ventre du matin n'est pas favorable non plus, à la bonne humeur. Le ramadan, période de jeûne, est le moment de l'année où le Marocain fait du gras. Abus de tout et surtout de sucreries.

Dominique les invite pour une croisière sur les eaux thaïlandaises qui devrait leur permettre d'éviter ce temps difficile à vivre. C'est donc avec un grand « oui », qu'ils répondent à son invitation. L'ancien journaliste vit maintenant à plein temps sur le bateau qu'il s'est offert. L'argent accumulé lui rapporte plus que largement de quoi vivre. Une douce oisiveté luxueuse et réparatrice attend les « Marocains d'adoption ».

L'escale de Paris est déjà loin et le vol de la Thai Airways est en train de s'aligner sur la piste de Bangkok. Thierry va s'arrêter là pour le moment. Mathilde veut profiter de l'habileté reconnue des chirurgiens thaïlandais et de leurs tarifs préférentiels pour modifier, *améliorer* quelques détails anatomiques qui pèsent sur le moral. L'opération aura lieu demain matin de bonne heure et puis, dans une semaine, tout le monde se retrouvera sur le bateau à Phuket.

Phuket est, pour les habitants de Bangkok, l'endroit rêvé pour aller passer un week-end. Tout y est conçu pour les vacanciers. La mer semble avoir été chauffée exprès pour vous et les gargotes installées le long des plages ne sont pas forcément des coupe-gorges à touriste. D'innombrables magasins permettent aussi de ramener un souvenir « typiquement typique », témoin de ce voyage unique.

Dominique est venu chercher Anne, direction la marina, là où sont ancrés les bateaux. Pas beaucoup de concurrence pour le yacht du journaliste, il y a plus gros certes mais rien d'aussi luxueux, d'aussi beau. À peine à bord, le capitaine lève l'ancre, pour emmener son invitée dîner dans une crique « loin de tout » qu'il connaît bien.

« Prends une douche, change-toi. Tu as tout ton temps, il y a trois heures de mer avant d'y arriver. » Le soir, après avoir jeté l'ancre dans la crique promise, on dîne sur le desk réunis par la lueur des bougies. Les enfants de Dominique sont là, racontent des horreurs qui font rire les grands, et leur changent les idées. La femme du capitaine, Kate, belle femme thaï d'une cinquantaine d'années, a préparé des petits plats locaux, plus succulents les uns que les autres. Dominique quant à lui s'est procuré quelques bouteilles de bon vin français achetées chez le grand voisin malais. Anne, très tendue à son arrivée, est maintenant heureuse de vivre et de rire. La soirée bien arrosée est mémorable. Le très léger mouvement du bateau et le clapot le long de la coque rappellent discrètement aux convives quelle chance ils ont d'être là.

Les conversations se poursuivent tard dans la nuit, bien après que les bougies, réduites à de petites stalagmites atrophiées, se sont éteintes. Dominique est heureux d'être entouré par ces femmes, qui apprécient de partager son bonheur épicurien.

À Bangkok, dans la chambre d'hôpital au nom de Mathilde, Thierry, seul, assis sur une banquette de moleskine blanche, a son ordinateur ouvert sur les genoux, un verre à la main. Il est absent, en contemplation devant le liquide incolore qui fait loupe devant son écran. Connecté à la caméra du bateau, il regarde sa maîtresse et la femme de son ami. Il regarde aussi Dominique qui rit tout en remplissant les verres. Les questions sont là, omniprésentes, obsédantes. Peut-il encore apporter quelque chose à cette femme qu'il aime plus que tout ? Il sait que sa simple présence est maintenant un étouffoir pour son double féminin. Il ne peut plus être deux. À la suite de l'opération qui aura lieu aux aurores, Mathilde va vivre enfin, sans contrainte. Sans lui ! Une chirurgie sans retour, une expiation ? Non ! Simplement un acte de justice. Son cerveau tourne, broie, charrie et mélange la tristesse, la honte et le remord. Il est fini, indésirable. Ce soir cet obsédé du beau trouve que tout est laid.

Le bateau est grand et alors que la nuit commence à perdre de sa profondeur, le capitaine attribue les cabines. Lorsque Anne rejoint la sienne, elle soupire un « Je suis crevée » en se hissant sur la couchette, puis se tournant vers la paroi de teck, elle s'endort. Dominique a coupé la caméra. Thierry n'a plus d'image.

En un rêve silencieux, sur le bateau déserté, il s'imagine s'installant avec son verre sur le pont supérieur, le point le plus haut du bateau, là où personne ne va. Il reste là longtemps, à ressasser encore et encore et puis, il écrit pendant un long moment. La lumière blanche de l'écran donne à son visage un air malade, fantomatique. De temps en temps, il s'arrête pour boire une petite gorgée. Le climatiseur de la chambre d'hôpital lui envoie un courant d'air frais. Ou bien peut-être est-ce ce léger vent de mer, qui se pointe avec le jour, qui fait claquer les haubans tendus le long du mât. Ou bien ce sont ses doigts pressés, qui s'activent sur le clavier. Là-haut, le mât résonne comme une réponse à ce qu'il écrit, dans un code imaginaire. Thierry, assis en tailleur sur la banquette de moleskine blanche de sa chambre, se hâte d'écrire les derniers mots de son « testament ».

C'est seulement vers 13 heures que les occupants du bateau se retrouvent dans le carré. Seuls les mots « café » ou « thé » arrivent à passer leurs lèvres. Les toasts beurrés par le capitaine achèvent de les réveiller. Quand Anne émerge de sa cabine, elle est saluée par un « Ah enfin ! Ne manquait plus que toi ». Le soleil est déjà haut et chauffe vite les peaux dangereusement blanches des nouveaux venus. Peu à peu, les premiers plongeons réveillent définitivement les convives. Sur la plage arrière du bateau, Dominique s'affaire pour mettre à l'eau un petit dinghy blanc, à fond plat, qui permet d'atteindre la plage la plus proche. Un des garçons emmène les filles à terre. Le capitaine, qui aime que son bateau soit parfaitement entretenu, nettoie les derniers reliefs de la veille, supprimant les vieilles bougies changées en bonzaïs de cire. Un bruit au-dessus de lui le fait monter sur le pont supérieur. Là, devant la banquette en moleskine blanche, un verre roule sur un arc de cercle, dans un sens et puis dans l'autre, au gré du roulis. « Ils en mettent partout ! » soupire-t-il. Du pont supérieur, il voit revenir le dinghy. Anne a ouvert son téléphone et elle y a trouvé un mail envoyé cette nuit par Thierry. Elle lit à haute voix :

« Mon amour chéri,

Comme ces mots me paraissent faibles, mais comment doit-on appeler la personne que l'on aime le plus, celle que l'on respecte le plus, celle que l'on admire le plus ? Voilà, si tu lis cette lettre, c'est que je ne serai plus là. Rien de bien extraordinaire à cela, j'appartiendrai seulement au monde de la mémoire. C'est dans ce monde que tu m'as appris à marcher quand rien ne va, c'est ce monde où il est possible de revoir les instants heureux, et rien qu'eux, c'est ce monde où l'on s'abstrait pour occulter le sombre quotidien.

La fin de la vie est bien la mort et la mort fait partie de la vie. Elle en est juste l'ultime étape. Pourquoi la transformer en un tunnel obscur et mystérieux, débouchant sur des rêves porteurs d'espoirs stupides ? Une fin n'est pas la fin. La mort peut donner naissance à la vie, j'en suis la preuve. »

Anne n'arrive plus à lire, sa gorge est serrée. Levant les yeux vers ceux qui l'entourent, elle murmure un « pardon », puis elle se lève et va s'asseoir à la proue du bateau, les jambes dans le vide, au-dessus de la mer. Elle reprend sa lecture :

« Nous avons fêté ensemble tes 41 ans dans un restaurant. Pas de gâteau pas de bougies, sauf une. Celle qui éclaire notre table et qui allume ces reflets changeants, étincelles éclatantes et furtives dans ces yeux que j'aime tant.

La vie va continuer pour toi et c'est un grand bonheur d'y penser. Profites-en, jouis-en sans compter. Tes seules limites : reste ton maître, et crois en tes talents. Si je suis, pour une bien petite part, responsable de ce que tu es devenue, sache que c'est ma fierté, ma joie, mon linceul de soie. Merci de m'avoir permis de t'aider à être. Ce fut mon plus grand bonheur, ce fut mon plus grand honneur.

Mon chemin à moi fut chaotique et parfois désespéré, tracé par avance par des gens qui ont nié ce que je suis au profit d'une utopie. Profitant d'une hiérarchie naturelle, ils m'ont vendu leurs rêves, en m'ouvrant des crédits dans la banque du ciel, celle qui n'existe pas… Les principes inculqués, j'y ai cru longtemps. La honte du plaisir m'a poursuivi longtemps. La peur du châtiment m'a effrayé toujours. Toutes ces barrières dressées pour préserver le Mythe, je les ai démontées patiemment, toujours dans la douleur, changeant les pierres du mur, sans le faire s'écrouler. J'ai réussi ma mission, non sans mal, mais j'ai réussi et j'en suis fier. Si je sors vainqueur de ce combat, c'est aussi parce que j'ai ouvert les yeux sur ce que j'étais. J'ai compris combien j'ai pu faire de mal à ceux que j'aimais en n'étant pas moi-même. »

Anne s'est arrêtée de lire. C'est la voix de Thierry qui s'est substituée à la sienne et qui résonne dans son esprit. C'est insupportable. Elle ferme son téléphone et revient vers ses amis, l'air sombre.

« A-t-on des nouvelles de Mathilde ?
— Rien », lui dit Dominique.
Anne poursuit regardant la mer sans la voir.
« Que doit-on faire maintenant ?
— Rien », répond encore Dominique.
Anne ressort son téléphone pour appeler l'hôpital. Quand elle raccroche, elle annonce que Mathilde va bien, que son opération s'est bien passée, ce matin de très bonne heure. Elle éclate de rire.

« La mort peut donner naissance à la vie, j'en suis la preuve. »

19

Comme prévu, c'est deux semaines plus tard que je rejoins Anne sur le bateau. Très fatiguée mais très heureuse. Physiquement, je souffre encore beaucoup mais les cicatrices tirent moins qu'au début.

« Tu n'as qu'une chose à faire, m'annonce Dominique, c'est te reposer. » Doucement, tout le monde m'explique que faire disparaître mon jumeau n'est pas chose facile. Les enfants, par exemple, ignoraient cette tristesse profonde qui occupait l'esprit de Thierry et ils adoraient cet adulte qui faisait encore des bêtises comme eux et qui continuait à prendre des risques inutiles. Mais les choses vont s'arranger avec le temps. Il faut oublier la disparition de Thierry puisqu'il a choisi ce destin.

Le yacht est de nouveau amarré à son ponton, au repos. Les passagers débarquent du bateau, il faut rejoindre l'aéroport de bonne heure pour affronter les treize heures de vol qui nous séparent de Paris. Je devrai y rester un peu, Anne de son côté rejoindra le Maroc après une heure d'escale. J'ai prévenu Jim par SMS que tout allait bien. Il m'avait demandé de le faire car il était inquiet de me savoir entre des mains de chirurgiens qui n'étaient pas américains. Il m'a remerciée pour mon message et il m'a dit qu'il allait m'envoyer un long mail.

Je ne reçois le message annoncé que quinze jours plus tard. Il me dit qu'il ne va pas très bien, qu'il a dû subir la pose d'un *stent* et que c'est aussi pour cela qu'il a tardé à m'envoyer ce courrier. Il me dit aussi que ses affaires ne marchent pas et qu'il n'est pas près de revenir en Europe. Et puis que, de toute façon, cela n'a pas de sens. C'est sa psy qui a raison : notre liaison n'est pas saine et il vaut mieux cesser toute relation et même toute correspondance. Je suis un peu atterrée. Comment cela est-il possible ? Je tente quand même de le raisonner, de lui dire que j'ai changé physiquement et qu'il n'y a plus rien de malsain à présent. Je lui rappelle aussi que nous étions simplement heureux et que si son job ne lui autorise plus les déplacements, ce n'est pas grave car de mon côté je peux me rendre à New York et que cela nous donnera l'occasion de nous revoir enfin. La réponse ne tarde pas, elle est cinglante. Il ne comprend pas que je lui réponde malgré sa demande. Il m'annonce qu'il se retire de sa page Internet qu'il va changer d'adresse mail et que je dois le laisser tranquille dès maintenant car celui que je connaissais ne doit plus exister. Il regrette ce qui s'est passé entre nous. « Ce n'était pas sain, répète-t-il, et malgré ton opération cela ne l'est pas plus. Laisse-moi s'il te plaît pour que je puisse enfin m'accepter. Cette femme a raison et en plus elle m'a redonné une vraie spiritualité que j'avais perdue. »

J'envoie à Jim un bouquet de fleurs, accompagné d'un petit mot : « Pardon d'avoir failli te faire damner. »

C'est au début du mois suivant que je suis allée chez le docteur Dona. Elle me reçoit avec la même gentillesse qu'elle montrait pour Thierry. Nous nous regardons, toutes deux assises sur notre chaise. Puis je me lève et je lui demande si je peux l'embrasser. Devant l'inhabituelle demande, la psy hésite un instant et puis dans des rires mêlés d'émotion heureuse, nous nous serrons mutuellement dans les bras.

« Racontez-moi alors comment tout cela s'est passé. » Je raconte aussi bien que je le peux avec tous les détails. « Et comment allez-vous maintenant ?

— Super bien. »

Regarder cette femme qui m'a tant aidée me fait sourire. Nous nous quittons en nous promettant de nous revoir très vite, mais plus pour des raisons analytiques ! L'artiste analyste a ouvert une galerie, un lieu de conférences et d'échanges. Je suis donc invitée en permanence à la galerie Entre parenthèses.

Mon emploi du temps est très chargé. J'ai un rendez-vous chez mon médecin, puis il faut que j'aille voir aussi mon avocate pour mon changement d'état civil et ensuite, j'aurai juste le temps de faire ma valise une fois de plus, pour m'envoler vers le Maroc. « Bientôt, ces trajets cesseront et on pourra vivre heureuses, ensemble, sans drame. Enfin. »

À la douane, en entrant sur le sol marocain, tout se passe bien. J'ai peur d'avoir des problèmes avec cette photo ancienne de Thierry, car mon visage a commencé à changer. Le contrôle se déroule sans problème même si le regard de l'officier va et vient plusieurs fois entre moi et mon passeport. Finalement, il me sourit : « Bienvenue au Maroc, madame Thierry. » D'autorité il m'appelle *madame* et supprime mon nom de famille. J'avais raison, il a quand même été troublé et je dois changer cela très vite.

Anne est pleinement heureuse, elle vit enfin dans sa petite maison sur la prairie au bord de la mer. Pour avoir des rentrées d'argent en attendant que la société se développe, elle donne des cours dans une école de commerce à la périphérie de Casablanca. Elle est donc souvent sur la route et c'est moi qui fais marcher la maison. Le soir, on discute, et quelquefois la conversation nous emmène vers Thierry. Anne élude, préférant oublier cette période de grand bonheur qui ne pourra pas revenir. Moi je suis encore dans l'état d'esprit de la coupable : c'est à cause de moi qu'Anne a perdu Thierry. Je m'en sens responsable et je ne suis pas à l'aise de prendre la suite sans rien avoir à « payer » pour m'exonérer de remords possibles…

Avec le printemps la chaleur revient et je me baigne chaque jour. C'est aussi l'époque des vacances en France, et donc l'occasion d'inviter des amis pour leur faire partager le bonheur de vivre à cet endroit. Jean-Pierre et sa femme Nathalie sont les premiers à venir avec leur fils, qui était le filleul de Thierry. Plutôt que de leur montrer le Maroc des guides touristiques, nous les emmenons dîner dans le village des pêcheurs, là où l'on achète le poisson juste sorti de l'eau et qui, grillé à point, vous est servi avec des tomates et des oignons doux. Du thé à la menthe accompagne le tout.

Le nouveau couple intrigue Nathalie. Elle a connu Anne avec Thierry et elle sait combien leur amour était fort, presque violent. Certes Mathilde et Thierry se ressemblent, mais le pragmatisme de Nathalie est heurté, car elle sait que ni l'une ni l'autre ne sont homosexuelles, à moins que Mathilde n'ait gardé son attirance pour les femmes ? J'essaie de lui expliquer que l'amour ne rime pas forcément avec sexe. La vie commune d'Anne avec Thierry et sa prolongation avec moi ont été bâties sur une relation forte, qui va bien au-delà des conventions habituelles. Pour aider à la convaincre, Anne ajoute qu'un couple traditionnel est soutenu par une relation sexuelle mais il y a bien des exemples d'amour qui ne sont fondées que sur le sentiment, sans qu'il y ait besoin d'y ajouter quoi que ce soit. Nathalie n'est pas convaincue, mais finalement c'est Anne qui conclut : « Même si nos arguments ne sont pas probants, peut-être que notre exemple te fera admettre les choses. Récemment j'ai eu une aventure avec un homme marocain et de son côté Mathilde est sortie avec un homme américain. Cela ne nous empêche pas de nous aimer, comme tu le vois. »

La semaine est bien remplie, elle passe donc très vite. Elle se termine comme toujours à l'entrée de l'aéroport. Mon petit filleul, qui a bientôt 12 ans, me serre la main pendant un long moment et me confie en partant : « Tu sais, je savais même pas que tu existais mais en fait je crois que je te préfère à mon parrain. »

Je suis de retour à Paris, je viens de subir ma dernière séance d'épilation. Mon médecin l'a conclue par une bonne nouvelle : mes analyses sont revenues à la normale. Rassurée, je me dis que maintenant le va-et-vient entre la France et le Maroc va se terminer et que je vais pouvoir enfin arrêter de découper ma vie en tranches de quinze jours ou de trois semaines. Cet après-midi, c'est mon avocate que je dois rencontrer pour que nous allions ensemble au tribunal régler la question de mon changement d'identité. C'est une étape indispensable pour que je puisse faire ma demande de nouveaux papiers. Après un tribunal qui s'est déclaré incompétent pour juger, puis un juge qui s'est défaussé pour les mêmes raisons, mon affaire sera enfin examinée aujourd'hui.

Le tribunal de Nanterre est une ville où des civils aux vêtements colorés essaient de s'accoupler avec leurs avocats vêtus de noir. Je viens d'y retrouver la mienne, qui m'emmène aux Affaires familiales. J'ai une violente douleur dans la jambe, reste de sciatique thaïlandaise, et je m'assieds sur une chaise. En étendant ma jambe douloureuse, je ne me rends pas compte qu'elle bloque l'entrée d'une salle d'audience. Une dame tout habillée de violet, sa robe noire sous le bras, me demande pardon, car elle veut rentrer.

« Excusez-moi, madame… » Bien sûr, je me lève pour lui céder le passage. Mon affaire vient d'être appelée. Mon avocate me fait signe et me chuchote : « J'introduis la requête et puis je te laisse la parole. » Quand c'est à mon tour de parler au tribunal, je vois que la dame qui le préside est celle qui portait la robe violette et dont je gênais l'entrée. Plus la peine de réfléchir à ce que je vais dire : « Madame, en entrant tout à l'heure, j'empêchais votre passage et vous m'avez gentiment demandé de le dégager. Vous m'avez alors appelée "Madame" et si maintenant je vous montrais mon passeport, vous verriez qu'il y est écrit "Monsieur". C'est cette erreur difficile à vivre au quotidien que je vous demande donc de corriger. » À peine dix minutes de délibération se sont écoulées que j'ai enfin gain de cause. Ça y est je suis "Madame", officiellement "Madame". J'ai le récépissé du jugement provisoire dans mon sac. C'est lui qui va me permettre l'obtention de mes nouveaux papiers : mon urgence.

Heureuse, je passe un coup de fil à Anne pour la prévenir de ce succès et pour lui dire que je serai demain, comme toujours, dans l'avion de 9 heures à Casa. Bizarrement, elle me demande si je ne peux pas arriver plus tard car elle en a assez de se lever à 6 heures pour éviter les bouchons qui bloquent la ville tôt le matin. Mon enthousiasme est coupé dans son élan. C'est la première fois qu'Anne ne manifeste pas sa joie de me revoir bientôt. Je décale donc mon vol, pour arriver seulement le soir et j'envoie un mail au Maroc pour confirmer l'heure de mon arrivée. Anne est là pour m'accueillir à l'aéroport Mohammed V. Elle s'excuse pour son mouvement d'humeur et m'explique qu'elle avait une soirée la veille et que l'idée de se lever aux aurores ne la séduisait pas vraiment.

« Y a pas de problème, ne t'inquiète pas. C'était sympa cette soirée ?

— Super, tu sais ce sont ces filles qui organisent des soirées de charité pour aider les gens qui habitent dans le village et qui ont besoin de tout, en fait. On fait de bonnes actions, tout en s'amusant vraiment beaucoup. »

Je connais une partie de ces femmes qui sont effectivement adorables et de joyeuses convives.

Toujours aussi complices, nous faisons le point sur ce qui va et ce qui ne va pas. Comme les allers-retours vont bientôt s'arrêter, on essaye de voir aussi ce qu'il faudrait finir de déménager ou de vendre sur place en France. Le manque d'argent étant un peu chronique, Anne me demande si je peux vendre ma voiture.

Un peu troublée par cette demande, je me réveille tôt le lendemain matin, et je prends mon café dehors, dans un fauteuil en rotin avec lequel j'essaie de suivre le soleil, qui commence à chauffer. Le dos tourné à l'entrée, je sirote mon café à petites gorgées gourmandes. Bien sûr, je n'entends pas arriver Youssef, qui marche toujours à pas feutrés. Il est aussi étonné que moi en découvrant que l'occupante du fauteuil, à qui il voulait faire la surprise, n'est pas celle qu'il croyait. Il s'excuse, volubile, expliquant « qu'il ramenait les chaussures d'Anne, qu'elle lui avait demandé de les faire recoudre car il connaît bien le cordonnier qui pouvait lui faire ça gratuitement et que… ». Mathilde interrompt sa logorrhée en riant :

« Pas d'inquiétude, elle dort encore mais je les lui donnerai, ne t'inquiète pas. Veux-tu un café ?

— Non non ! Il faut que j'y aille. Merci, pardon, je suis désolé de t'avoir fait peur. »

Il marche à reculons en répétant ses excuses. Je ris encore en racontant l'histoire à Anne quand elle émerge du lit. Elle m'explique, sérieuse, que cet homme est d'une grande pudeur et qu'il est très discret. Cela a dû le troubler très fort de ne pas avoir respecté les convenances de son pays.

Journal

Voilà déjà quelques mois que nous sommes dans la nouvelle maison. Je n'ai pas ouvert mon journal, probablement parce que le bonheur au quotidien est moins inspirant. Je n'ai plus envie de m'y confier. Nous sommes rentrées avec Anne dans une période qui ressemble à de la routine mais une routine heureuse. Plus jamais elle ne me parle de Thierry et je dois reconnaître que ces temps, lorsque sa tristesse pesait sur le clan, me paraissent déjà loin.

Je fais mes derniers voyages vers Paris. Cela va quand même nous permettre de moins dépenser d'argent. Par contre, peut-être va-t-il falloir que nous nous organisions autrement. Anne me dit que voir deux femmes habiter ensemble, au Maroc, semble extrêmement bizarre. Une femme doit être protégée par un homme. Le simple fait de vivre seule est étrange, ici, où l'on vous soupçonnera vite de prostitution. Le couple biologique homme/femme reste la base des civilisations imprégnées des principes monothéistes dans lesquels la procréation est loi. Peut-être va-t-il falloir que je trouve une chambre à proximité, ça permettra au voisinage, à l'affût de l'anormal, de se distraire avec autre chose.

J'ai enfin mes nouveaux papiers d'identité, un passeport tout neuf. Cela tombe bien parce que j'ai reçu par mail la liste des pièces détachées pour la voiture de Youssef. Il y en a pour 900 euros, que je vais devoir payer. En arrivant à la douane, je dois m'acquitter des droits d'importation. J'ai beau expliquer que ce sont des pièces pour une vieille voiture, le douanier reste inflexible et fait semblant de ne pas comprendre mes propositions de bakchich. Il agite mon passeport tout neuf pour marteler son propos : « Il faut payer la taxe d'importation, madame ! » Cette opération vient de me manger une bonne part de mon budget mensuel.

Quand je sors dans le hall, Anne m'attend et me demande si rien ne manque. Après l'heure que je viens de passer de bureaux en postes de douane successifs, je lui réponds que tout va bien mais que je trouve que c'est beaucoup d'argent. Elle se met en colère et elle me rappelle que garder cette voiture en état de marche, c'est aussi important pour elle, puisque sa propre voiture n'est pas fiable, et que si j'ai une autre solution, je n'ai qu'à la proposer. Après un silence, elle ajoute que ce n'était pas pour rien qu'elle m'avait demandé de vendre ma voiture…

20

Anne conduit sans dire un mot. Ses yeux couleur colère indiquent qu'il vaut mieux laisser passer l'orage. Une fois la ville de Casablanca traversée, je lui explique que ce sont mes difficultés au passage de la frontière qui ont provoqué mon énervement. Agacée, Anne répond qu'elle comprend et qu'elle est fatiguée elle aussi. De la route qui longe la mer, on aperçoit déjà la maison.

Tradition oblige, la première chose que je fais en arrivant, c'est de transférer la bouteille de champagne de ma valise vers le réfrigérateur, au frais. La porte à peine refermée, Anne s'approche de moi, elle est très tendue : « Faut que je te parle. » Je la regarde, inquiète, loin de me douter de ce qui m'attend.

« Voilà, j'ai rencontré un homme et c'est sérieux… Je suis amoureuse. »

J'ai les jambes un peu molles. Une grosse boule gonfle dans ma gorge, elle est en train de neutraliser ma voix.

« Que tu rencontres un homme, c'est normal, cela faisait partie de ce que nous avions prévu.

— J'en suis amoureuse.

— Quoi ? Le jour où je finis de rapporter tes affaires, où nous avons enfin réussi à avoir cette maison, tu vas tout casser comme ça ? On s'était promis de se parler, de tout se dire, Anne, tu t'en souviens ? Il y a longtemps… ?

— Il y a sept mois. Tu le connais, c'est Youssef.

— C'est-à-dire que tu sors avec cet homme, notre propriétaire, depuis qu'on est chez lui… Tu me mens depuis cette époque…

— Écoute, Mathilde, je crois que moi aussi, j'ai subi des choses difficiles, entre Thierry et toi, mais je n'ai jamais rien dit. J'ai toujours considéré ton bonheur comme ma priorité et j'espérais que tu allais faire de même pour moi. Tu aurais quand même pu accepter spontanément cette bonne nouvelle qui m'arrive. Sincèrement, je suis déçue, triste même. Avec tout ce que j'ai fait, je pensais que je méritais mieux. »

Il y a à peine une heure que la bouteille est au frais. Malgré la sensation de vide et de trahison, je me reprends et je débouche la bouteille.

« Buvons à ton nouveau bonheur, alors.

— Oui, buvons », approuve Anne.

Je suis trop bouleversée pour trouver quelque chose à dire. C'est Anne qui mène la conversation :

« Comme je ne savais pas si tu n'allais pas repartir tout de suite, je ne t'en ai pas parlé, mais dans les quinze jours qui viennent, il faudrait que l'on fasse deux films et puis aussi des photos. »

J'écoute mais je n'entends que certains mots importants. Pour le reste, mon esprit est ailleurs. Je repense à tout ce que nous avons vécu ces quinze dernières années. Cette insistance qu'a mise Anne pour connaître mon secret, cette décision de condamner Thierry à mort que nous avons prise ensemble.

C'est si facile de tromper les gens qui ont votre confiance. Ces années pleines de promesses, de projets, tout cela a-t-il bien existé ? À qui puis-je faire confiance maintenant ? Non, Anne ne ferait jamais ça. Sauf dans ce cauchemar où l'on peut mentir à ceux qu'on aime.

Les deux films, je les ai tournés, les photos, je les ai faites. Le soir, rentrées à la maison, nous essayons de vivre normalement, mais ce n'est pas possible. Ce week-end on va rester sur place, pas de courses en ville. Mon livre à la main, je passe de longues minutes, assise dans le fauteuil, appréciant pour la dernière fois la transparence des fleurs de mes bougainvilliers. De temps en temps, Youssef, l'air affairé, pousse la porte du jardin sous de faux prétextes, histoire de baliser le terrain, malgré sa peur. À peine un mouvement de tête furtif pour me saluer. Quand Anne sort, sa tasse de thé à la main, je lui signale méchamment qu'il y a là un animal en rut, qui vient marquer son territoire. La Bretonne rentre alors dans une colère violente et s'acharne sur moi avec des propos bas, ignobles. Elle m'insulte même pour ce que je fus, m'expliquant que j'étais nul au lit, que ma meilleure performance était devenue aujourd'hui son quotidien. Suivent des détails de taille, de durée en référence aux performances sexuelles passées. « Mais qui est ce personnage que je n'avais jamais vu en quinze ans ? Comment imaginer un pareil revirement, une telle bassesse ? Pourquoi un tel déferlement de boue sur les choses passées, comment peut-on salir avec une telle volonté ce que l'on a aimé si fort ? Anne est dans une telle colère qu'elle appelle Youssef par téléphone probablement pour lui faire une remarque acerbe. Quelques instants plus tard, on voit partir la 2 CV dans un nuage de poussière vers la mer… Bon débarras.

La journée s'est passée sans un mot. « On dîne dehors ? » C'est Anne qui vient de rompre le silence. J'apporte les plats sur la table. Anne s'assied :

« Tu sais, il y a quelque chose qui me choque vraiment, c'est que tu ne m'as posé aucune question sur Youssef. Tu pourrais quand même te demander pourquoi je l'aime et pourquoi nous vivons ensemble... si tu t'intéresses, comme tu le dis si souvent, à mon bonheur. »

Je réponds avec peine : « Dis-moi qui il est alors. » Anne me raconte que c'est un homme formidable, rêveur, qui aime se promener au bord de la plage, pour y ramasser des galets polis par la mer. Qu'il aime aussi collectionner les morceaux de bois, rejetés par les vagues sur la plage. En regardant ces sculptures naturelles, il lui en raconte les histoires qu'il imagine.

« Il est plein de poésie et de romantisme, tu sais.

— Oui, j'ai l'impression, et puis ?

— Et puis il est très attentionné envers moi. Il me prépare le feu avant que je ne rentre, parfois il me fait même la cuisine... » Comme cela fait trois ans que je m'occupe aussi de notre maison, je reste un peu interloquée, mais j'admire en précisant que c'est effectivement rare pour un homme. Après un long silence, je demande :

« Tu as dit qu'il fallait qu'on imagine une nouvelle manière de vivre... Cette nouvelle manière de vivre, maintenant Youssef en fait partie, bien sûr, alors comment tu vois les choses ?

— Eh bien tu pourrais venir de temps en temps par exemple...

— Oui, quand ?

— Je ne sais pas, nous sommes en septembre... Tu pourrais revenir au printemps par exemple... fin mars ? »

Je suis désespérément fatiguée, je n'en peux plus, je ne suis plus qu'une gêne indiscrète. Anne n'éprouve aucune émotion car pour elle, tout est terminé depuis plus de six mois, elle est déjà dans une autre étape de sa vie, avec de nouveaux acteurs, dans un nouveau pays. C'était mon incorrigible et naïve confiance qui m'empêchait de le voir.

« Je reviendrai donc prendre mes affaires dès février mais je ne resterai pas, ne t'inquiète pas. »

Anne ne relève pas. Elle attend que Mathilde disparaisse de sa vie.

Je ne veux pas partir sur un sentiment de haine ou de colère. De l'aéroport, j'envoie à Anne un SMS qui se veut apaisant : « Voilà je suis dans l'avion. Pour la première fois depuis bien longtemps, je ne sais pas quand je vais te revoir. J'espère que cet amour te comblera et que les histoires de galets et de bois flotté, que je ne connais malheureusement pas, continueront à te faire rêver longtemps et t'apporteront le bonheur que je ne sais plus te donner. Que la vie te soit douce et belle et si, par malheur, un jour, elle te joue un tour de con comme elle me l'a fait, n'oublie pas d'appeler la vieille idiote qui t'aime et qui, si elle le peut encore, viendra auprès de toi quel que soit ton état. Je t'M. »

Les mois suivants sont rythmés par une série de douches écossaises épuisantes moralement. Anne se bat maintenant contre des conditions matérielles précaires, tout comme moi en France. Habitudes vieilles de quinze ans, elle me tient responsable de tous ses maux. Souvent le ton monte, les mails s'écrivent alors en caractère gras, comme s'ils étaient criés. Comme je suis toujours amoureuse d'elle, les propos qu'elle m'assène me meurtrissent profondément. En février, comme prévu, je refais un voyage pour aller chercher mes affaires restées là-bas. De nouveau, Anne me fait payer ma présence au prix fort, en se montrant plus qu'odieuse.

Un soir, à la suite d'un échange téléphonique particulièrement méchant, je décide de mettre un terme à notre histoire et lui écris un long courrier :

« Tu as saccagé le jardin de nos souvenirs où nous aurions pu nous retrouver. Tu as sali nos plaisirs passés, tu as fait de nos victoires communes des mensonges. Tu as voulu m'humilier pour te venger. Tu as trahi la confiance absolue que j'avais en toi, pire, tu t'en es même servi pour rendre ma passion pour toi ridicule. En peu de temps, tu t'es découvert une vocation d'égoïste absolue, tu as réduit à rien la beauté de tes gestes d'accompagnement. Tu as éliminé "gratuit" de ton vocabulaire, faisant évoluer ta générosité vers une bien petite avidité.

» Que la réalité imaginée, celle à laquelle nous avions pensé durant trois années, soit différente de celle avec laquelle tu as dû vivre, je ne te le reproche bien évidemment pas. C'est un droit à l'erreur, que je serais injuste de ne pas t'accorder. Pour le reste, je crois qu'il te faudra du temps pour juger et peut-être comprendre la dureté, la méchanceté, l'injustice et la petitesse de tes actes. Et puis, peut-être que l'égotique que tu es devenue oubliera tout. Cela te reviendra plus tard, au cours de la maladie, de la déception, ou si toi aussi, tu subis une injustice. Peut-être que le hasard continuera à te servir et que tu crèveras couchée sur ta petite réussite de peur que quelqu'un ne t'en prenne une partie. Plus jamais je ne te parlerai, ne réponds pas c'est inutile. »

Je sais que c'est d'abord le remords, bien vite remplacé par une colère triste, qui a envahi le cœur d'Anne après sa lecture. Elle a dû relire plusieurs fois cette lettre ultime mais elle ne me répondra pas parce qu'elle n'a rien à me répondre. Je suis rejetée dans son passé maintenant, et depuis bien longtemps sans doute. Il eût été extraordinaire que la substitution entre Thierry et moi soit un succès. Mon frère affirmait que les choses exceptionnelles n'arrivaient qu'aux gens exceptionnels et qu'il fallait se battre pour le devenir, se battre pour le rester. Ce combat ferait de nos vies les plus belles du monde. Anne relit nos mails archivés dans son ordinateur. Au fur et à mesure de sa lecture, elle détruit ces souvenirs, qui risquent de se transformer en remords gênants. Elle arrive à mon dernier mail, celui que Thierry lui avait envoyé le jour de sa disparition volontaire. Elle n'avait pas eu le courage ce jour-là de finir sa lecture. Restent quelques lignes, certaines sont un peu obscures :

« Nous en sommes sûres à présent toutes les deux : les paradis imaginés et promis ne sont que des leurres, rabaissant nos intelligences, flattant ce qui reste de nos enfances crédules, pour nous empêcher de voir. L'important, tu le sais, ce sont nos chemins. Regarde le tien. Admire-le, aime-le, c'est Le Tien. Depuis que tu en as pris en main le tracé, tu peux en être fière. Voilà, c'est la femme que j'ai réussi à faire sortir de sa prison qui t'a parlé. Un homme a accouché d'une femme malgré les avorteurs en soutane. Mais le père est mort. »

21

Il y a déjà six mois que je suis rentrée en France. La brutalité des événements que j'ai subis, la découverte de cette facette si cruelle de celle que j'aimais par-dessus tout m'ont plus fatiguée que tous les voyages que j'ai pu faire. Je suis sans forces, sans envies, presque sans chagrin. Que vais-je faire de ma vie alors que tous mes projets sont en ruine, bombardés par les mensonges et les méchancetés ?

Je viens de rouvrir mon journal secret, qui ne l'est plus vraiment aujourd'hui. Ai-je été heureuse ? Oui, je le crois, même si j'ai la certitude que j'aurais pu l'être beaucoup plus. Est-ce que la vie peut encore m'apporter d'autres plaisirs, d'autres bonheurs ? Je ne sais pas, en tout cas je l'espère.

C'est sûrement très égoïste de ma part de parler comme cela, sans tenir compte des gens que j'aime et qui m'aiment. Mes enfants, ma mère chérie, est-ce que je vous aime assez ? Et vous ? M'aimez-vous tous vraiment ?

La plus grande peine que j'aie eu à vivre, c'est la mort de mon frère, une peine incroyable, qui vous terrasse totalement, une peine qui vous fait haïr, qui vous donne l'envie de tuer et puis de mourir. Mais quoi ! Trois mois après c'est déjà dans le passé et si les souvenirs évoqués par nos mémoires lointaines font encore que nos yeux se mouillent, c'est bien peu par rapport à l'énormité de la tristesse première, celle dont l'on croyait ne pas pouvoir guérir, jamais. Souvent je pense à toi, *ami*, souvent je rêve de revenir à l'époque de nos confidences, souvent je rêve de nos innocences, qui n'auraient jamais dû mourir.

Thierry, qui se croyait coupable, voulait mourir d'une main anonyme, et c'est moi qui l'ai tué. Et maintenant je reste seule et je dois avancer. Ce que je voulais depuis si longtemps est enfin là mais la peur de vivre dans la solitude me fige.

Vais-je encore transgresser les règles ? Après avoir corrigé l'œuvre divine, vais-je faire mentir le texte sacré : « Tu ne connaîtras ni le jour ni l'heure… » ?

À mon enterrement, mon frère aîné trouverait sûrement le moyen de prendre la parole. Il dirait combien il a souffert, lui, de voir cette Ève et son serpent complice lui voler son frère. Il redirait combien sa tristesse est grande devant mon corps sans vie, si loin de l'amour divin. Et puis, les choses étant plus faciles post mortem, il s'adresserait alors à mes cendres et me pardonnerait, souhaitant que Dieu en fasse autant.

J'imagine si bien cette scène que je finis par en rire. J'y ajoute des détails, des costumes et même des personnages qui, les larmes aux yeux, viennent devant l'assemblée recueillie, excuser le mal que j'aurais pu leur faire. Ainsi pardonnée, absoute, on pourrait alors faire brûler mes souvenirs dans la joie.

De mon journal ouvert sur mes genoux je ne vois plus très bien les pages. Je suis si fatiguée que le sommeil m'envahit lentement. Déjà mon vieux cahier n'est plus qu'un écran sans contours sur lequel apparaît une petite dame aux cheveux couleur de pierre qui tente de pousser une grille. La porte en fer est trop lourde pour elle et c'est le vent qui soudain force les gonds qui tournent dans un cri de rouille blessée lui ouvrant le passage largement. Son petit pas décidé la mène au pied d'un cyprès aussi raide que fier. De la main elle chasse les résidus de fleurs fanées, séchées, pourries qui maculent la stèle. Puis elle s'assied de biais sur la tombe trop basse pour être confortable. Maman regarde les noms qui se mélangent devant ses yeux. François 1915-1969 et puis François 1955-1981. Elle se recueille longtemps. Ensuite elle sort une liasse de feuilles de son sac. Elle les déplie avec soin, chausse ses lunettes puis regarde la première page un long moment comme pour prendre son élan.

« Je suis venue vous lire les papiers que l'hôpital m'a transmis, suite au suicide de Thierry. Alors bien sûr c'est dans un style administratif, qui ne laisse guère de place à un sentiment quelconque. Je vous le lis donc tel que c'est écrit :

Mathilde D… a été admise ce matin même aux urgences de l'hôpital Cochin. Elle a été trouvée par son fils Laurent, couchée dans sa baignoire remplie d'eau. Les veines des poignets et celles des cuisses avaient été sectionnées à l'aide d'un cutter, retrouvé par terre. Suite à l'appel de M. Laurent D…, les services du SAMU arrivés sur place n'ont pu que constater le décès, survenu probablement depuis plus de 24 heures. Le corps a été transféré à l'hôpital de la Pitié-Salpêtrière, où il a été autopsié. La confirmation du suicide a été enregistrée ce jour par le médecin légiste Bouard Hervé et l'officier de police Maréchal Jacques. Le corps a été remis à la disposition de la famille. »

Maman reprend son souffle. Elle a lu d'une voix pressée pour ne pas s'attarder sur les terribles détails. Le nouveau prénom officiel de son fils a eu un peu de mal à franchir ses lèvres mais, courageusement, elle l'a dit.

« Voilà c'est tout, le reste ce n'est que la liste des formalités administratives, que je dois faire dans les jours qui viennent. »

Elle n'a pas pleuré durant sa lecture et c'est seulement maintenant, les yeux fixés sur les deux « François » gravés sur la dalle, que les larmes arrivent, sans sanglots, évacuant simplement un trop-plein de tristesse.

« Pourquoi ? Comment n'ai-je rien vu ? Pourtant on dit qu'une mère sait tout de son enfant… Mieux que lui-même puisque c'est elle qui l'a fait ! Une mère doit tout savoir, une mère peut tout entendre, tout comprendre. Elle parlait toujours de la norme imbécile, celle qui tue ceux qui ne la respectent pas, dans l'indifférence générale. Elle disait que la société élimine ceux qui ne rentrent pas dans les cases prévues. Mais comment pouvais-je savoir qu'elle parlait pour elle ? J'aurais dû comprendre… ou bien c'est parce que… parce que nous ne voulions pas entendre, alors un jour, elle a préféré se taire et c'est son silence qui l'a tuée. »

Maman se remet debout. Elle passe la main sur sa jupe grise comme pour chasser un morceau d'herbe qui aurait pu s'y accrocher. Elle regarde la pierre sombre qui dissimule les corps dissous de ceux qu'elle a aimés si fort.

« Le silence abrite souvent le crime. » Elle hésite puis ajoute : « Il faut faire parler le silence. »

De son pas décidé elle remonte vers le parking où elle a laissé sa voiture. Les mains sur son volant elle prie :

« Mon Dieu, vous savez combien je vous aime. J'ai toujours accepté les épreuves que vous m'avez envoyées. Je ne vous ai jamais demandé grand-chose pour moi mais aujourd'hui, cela fait cent ans que je vous obéis, sans discuter… ou presque ! S'il vous plaît mon Dieu, faites que je retrouve bien vite tous ceux que j'aime tant et qui sont sûrement près de vous. Appelez-moi ! »

J'ai ouvert les yeux mais je ne vois plus rien. Tout est noir ! C'est la nuit ?

22

Pourquoi ma mère va-t-elle annoncer à mon père et à mon frère que je suis morte ? C'est par hasard que je rencontre le docteur Dona dans une exposition de peinture. Je lui parle de ce rêve qui m'a vraiment troublée. L'analyste me regarde en souriant.

« Vous m'aviez dit que vous étiez née de votre frère, vous affirmiez même “un homme va accoucher d'une femme”, ce sont vos propres mots.

— Oui c'est vrai.

— Maintenant, Mathilde c'est à vous de vivre, vivre votre propre vie qui ne doit plus être la suite de la vie d'un autre. C'est cela que votre esprit vous demande. C'est cette Mathilde-là qui meurt dans votre rêve. Ne vous référez plus à votre vécu. Il appartient à votre passé et c'est tout. Vivez et profitez de ce que vous êtes, et je dirais même que si vous le souhaitez, vous pouvez vivre ce que vous auriez dû vivre. »

Vivre ma vie, vivre cette vie de femme que j'ai tant souhaitée. En rentrant chez moi, j'observe le regard des gens. Ils ne semblent pas s'intéresser particulièrement à moi. En tout cas, je n'attire pas la curiosité. Comment pourrais-je être sûre que le regard des autres me juge « femme » ?

L'ensemble de mes papiers est maintenant en accord avec ma nouvelle identité, sauf ma carte Vitale qui me sert tous les quinze jours quand je vais me réapprovisionner chez le pharmacien. Il faut donc que j'aille à la caisse d'assurance maladie où je vais encore devoir raconter mon histoire. De sa boîte en verre, la dame qui a tiré mon numéro me fait signe de venir vers elle.

« Voilà, je viens vous voir pour une raison qui va peut-être un peu vous surprendre. » Mon interlocutrice tient ma carte Vitale dans sa main et est en train d'en recopier les informations sur son terminal. *Enter.*

« Ce n'est pas la bonne carte, madame.

— Si justement, c'est le but de ma visite. » Je lui explique mon parcours. Elle comprend, lit et relit le jugement du tribunal que je lui ai apporté.

« En fait, il faudrait changer le numéro de votre carte.

— C'est exactement ça.

— Mais ça, ce n'est pas nous, c'est l'Insee qui s'occupe de ça. Ce sont eux qui vous appellent par un numéro. »

Le bâtiment de l'Insee est très haut, très gris. Sa ligne lourde semble encore plus épaisse, chargée qu'elle est par tous les chiffres qu'elle abrite. Le hall d'entrée, en béton lui aussi, est trop vaste pour être décoré. Là-bas au fond, une sorte de tribune couleur ciment dissimule les deux personnes chargées de la réception. Je m'approche.

« Bonjour, je viens pour un problème un peu particulier concernant mon état civil, j'aurais souhaité en parler avec quelqu'un.

— C'est quoi le problème ?

— Je souhaiterais que mon numéro d'état civil soit changé et qu'il commence par un 2 et non pas par un 1.

— Pour les changements de numéro, il faut vous rendre à Rennes, madame, ce service a été décentralisé.

— Est-ce que je pourrais quand même rencontrer quelqu'un ?

— Puisqu'on vous dit que c'est Rennes qui s'occupe de ça ! »

Encore une démarche qui n'aboutit pas. Tous ces murs administratifs, toutes ces cases dans lesquelles je ne rentre plus me fatiguent, je suis un peu découragée. Devant mon ordinateur, je regarde sur le site de l'Institut pour trouver une solution qui m'éviterait d'aller si loin, sans certitude de succès. L'attribution et les changements de numéros sont bien effectués en Bretagne. Au moment où je pense à renoncer, je trouve une rubrique « Contact » avec une adresse mail. C'est un vrai message de détresse que j'envoie et, comme les marins en perdition, je tape d'abord : *Mayday... mayday...* puis j'expose mon problème et les difficultés dans lesquelles je suis. La messagerie automatique me répond :

« Nous adressons votre demande au pôle chargé de la gestion du Répertoire national d'identification des personnes physiques (RNIPP) qui la traitera dans les meilleurs délais. Cordialement,

Service Insee contact »

Les « meilleurs délais » dans le langage administratif ne sont souvent pas les plus courts, et cela m'inquiète. Mais mon ordinateur coupe court à mon pessimisme ! Il n'a pas fallu plus de vingt minutes pour que j'aie une nouvelle réponse.

« Bonjour,

Je vous informe que le répertoire de l'Insee doit être conforme aux registres d'état civil : quand le tribunal d'instance aura statué sur votre changement de sexe et prénoms, alors seulement, l'organisme de Sécurité sociale dont vous dépendez pourra faxer en procédure d'urgence votre acte de naissance pour mise à jour du répertoire.

Cordialement,

P. V. division Répertoire. »

Jugement du tribunal, fiche d'état civil partent dans la minute qui suit. Moins d'une heure plus tard, un mail m'attend. Il vient de l'Insee.

« Au vu des pièces j'ai corrigé le répertoire.

Cordialement,

P. V. division Répertoire. »

C'est aussi simple que cela. S'il était devant moi, j'embrasserais bien monsieur P.V. J'ai mon « 2 », je suis de nouveau une citoyenne à part entière. Retour à l'Assurance maladie. J'attends que la gentille dame à qui j'avais déjà parlé soit disponible. Elle n'en revient pas de me revoir si vite :

« Je suis de retour, et si vous interrogez de nouveau votre centre, vous verrez qu'il y a du changement. » Elle est toute souriante de participer à cette aventure hors du commun. Heureuse pour moi, elle me propose de faire tout de suite une nouvelle demande de carte Vitale.

Le formulaire n'est pas bien long à remplir, mais elle me le fait vivre en écrivant sous ma dictée.

« Mathilde, ça c'est nouveau, numéro 2 0112… ça c'est nouveau aussi… Date de naissance, on ne change rien ? »

La gynécologue qui me suit depuis le début tient absolument à ce que je sois contrôlée très régulièrement. J'ai donc rendez-vous pour une mammographie. Elle m'a prévenue : « Ce n'est pas très agréable, Mathilde, mais c'est absolument indispensable. » C'est un centre qui fait toutes les « graphies » existantes dans lequel je me rends. J'ai une certaine appréhension quand je tends cette carte Vitale que j'ai eu tant de mal à obtenir. Cabine C, déshabillez-vous, seulement le haut, le docteur va vous appeler. De l'autre côté d'une cloison à mi-hauteur, une femme m'appelle. La machine emprisonne mes seins, le gauche puis le droit. Elle en fait des clichés dans tous les axes possibles.

« Retournez en cabine mais ne vous habillez pas encore. » En jupe et en collants, poitrine à l'air, j'attends. La porte s'ouvre. Ce n'est plus l'opératrice mais un médecin qui me demande de me déshabiller complètement et de venir m'allonger sur la table d'examen. Il souhaite faire une échographie pour avoir la certitude qu'il n'y a rien d'inquiétant. L'angoisse me prend. Toute nue cette fois ! Il va falloir que je raconte ma vie et je n'en ai vraiment plus l'envie. Couchée sur la table, j'attends les questions du médecin, occupé à enduire son curieux pistolet de gel.

« Ça va faire un peu froid mais c'est tout. Vous n'avez pas de problème avec vos prothèses ?

— Non docteur. » Il m'écrase doucement la poitrine.

« Avez-vous eu des enfants ?

— Oui docteur, quatre.

— C'est bien, dites-moi. Est-ce que quand vous aviez vos règles, elles étaient douloureuses ?

— Non docteur, ce n'est pas le souvenir que j'en ai. » L'examen continue en silence. Je suis aux anges. Je réalise que le médecin qui est devant moi m'a jugée femme, la confirmation que j'attendais. J'ai envie de rire. Je suis heureuse.

« Et vos premières règles, vous souvenez-vous de leur date ? » C'est trop, je ne peux plus continuer mon jeu et, tout en riant, j'avoue :

« Vous savez, docteur, je ne suis pas une femme génétique, je suis une trans… » Je n'ai pas le temps de finir le mot, il lâche son pistolet qui glisse sur mon ventre et que je rattrape au vol. « Oh p… de p… de p… », dit-il en se prenant la tête dans les mains et puis il se met à rire. Je l'accompagne. En partant, il tient quand même à me dire qu'il a été forcé de tout noter dans son compte-rendu, mais que tout va bien, il n'a rien à signaler me concernant.

C'est le cœur léger que je rentre chez moi. C'est l'avis le plus objectif, le plus professionnel que je pouvais souhaiter et voilà qu'il m'arrive par hasard.

Je suis sortie faire mes courses et juste derrière moi, à la caisse, se tient le concierge de mon immeuble. Cet homme est passionné de vélo au point qu'il en fait dans son garage, sur des rouleaux, avec un écran de télévision où défile la route ! Je ne lui ai jamais parlé, quelquefois répondu, mais presque toujours par monosyllabes.

C'est lui qui engage la conversation :

« Ça fait rudement longtemps qu'on ne vous voit plus…

— J'étais à l'étranger.

— Ah oui et euh… votre… euh… mari, il est parti lui aussi ? »

Sur le coup, je reste un peu interloquée, puis j'invente :

« Non, nous avons divorcé.

— Ah bon ? Eh bien je vais vous le dire, hein, maintenant je peux, il était vraiment pas aimable, vous savez… Vous avez rudement bien fait ! »

Me voilà divorcée sans avoir pris mari.

Cela faisait six ans que je n'étais plus parisienne à plein temps. La plupart de mes amis et de mes clients ont cherché à revoir la « créature » une fois et puis les relations se sont distendues puis dissoutes. Je ne peux plus travailler, et pourtant je sais encore faire des photos et filmer car on ne m'a pas amputée des mains et on ne m'a pas crevé les yeux. Je me sens un peu comme une divorcée ou une veuve, celle qu'on n'invite plus qu'avec d'autres femmes. Je crains cette solitude aujourd'hui et aussi pour plus tard. J'ai donc décidé de m'inscrire sur un site de rencontres sur le Net, en essayant de remplir au mieux les précisions qu'on me demande. Le questionnaire porte un nom : « Établissement de votre profil psychologique ». Il renseigne donc sur mon poids, ma taille, la couleur de mes cheveux, si j'aime la viande ou le poisson, Bach ou Mozart, bref c'est une vraie fiche de renseignements. Tous les jours, le site moucharde les gens qui se sont intéressés à mon profil. Certains me laissent un message, généralement une demande de rendez-vous. Suite à cette inscription, j'ai beaucoup consolé de veufs en larmes qui m'ont fait visiter la maison telle qu'Elle l'avait laissée.

J'en ai découragé certains qui souhaitaient faire l'amour en barboteuse tandis que je jouerais à la nurse avec du talc, et puis un jour j'ai rencontré Alexandre. Forcément un conquérant.

Avant que nous nous rencontrions, j'ai beaucoup échangé avec lui par mail, pour mieux le connaître et puis aussi pour m'amuser. Alex est un érudit, un passionné de la Bible. Il en connaît les différentes versions, les différentes interprétations. Alex n'a pas qu'une corde à son arc, il est diplômé de graphologie et, grâce à cette spécialité, il a recruté pour sa société des cadres de haut niveau.

« Ton écriture est extraordinaire. Elle montre une féminité incroyable bien que tu sembles un peu autoritaire... » Ce fiancé potentiel possède aussi une bonne culture latine qu'il utilise parfois dans un esprit coquin. Quand je lui dis que je suis fascinée par l'étendue de ses connaissances en matière biblique, il m'interroge soudain :

« Fascinée, tu es sûre, Mathilde ?

— Oui pourquoi ?

— Parce que le *fascinus* en latin est un sexe d'homme en érection et je vois cela comme un bon augure. » J'éclate évidemment de rire au lieu de rougir et je me laisse faire.

Nous nous sommes beaucoup vus. J'ai même décoré sa maison car il veut que je m'y sente chez moi. Il a acheté une machine à laver la vaisselle pour que je ne m'abîme pas les mains. Le 1er janvier, nous avons même réveillonné ensemble en amoureux. Robe longue et smoking blanc, dîner devant la cheminée avec coquilles Saint-Jacques et foie gras, rien ne manquait et je commençais même à y croire. Le lendemain du réveillon, j'étais en train de préparer le café et Alexandre est rentré dans la cuisine, son ordinateur portable ouvert à la main.

« Regarde cette maison, regarde si elle te plaît et si tu pourrais y vivre avec moi. J'ai envie de repartir dans du neuf. » Bien sûr, l'émotion m'a coupé le souffle, je regardai la maison. C'était dans le Midi, non loin de Toulon.

« Appelle l'agent immobilier et demande-lui si on peut passer la voir et quand. Moi je file, il faut que je sois à la mairie de Paris pour des vœux officiels, mais je te retrouve après. » Un baiser volé et la porte s'est fermée.

Il va bien falloir que je parle, il va bien falloir que je le prévienne, me disais-je. D'abord, je le lui devais par simple sincérité et puis je savais pertinemment que l'anonymat complet n'existe pas dans la durée et que, forcément, un jour il saurait.

Je lui ai donc laissé une lettre sur son bureau que je commençai par :

« Mon chéri, il me semble que tu m'aimes et que je t'aime aussi et donc je voudrais te dire qui je suis vraiment. Je suis une femme parce que j'ai choisi de l'être… »

Le soir même, je recevais la réponse :

« Trouve-toi une autre victime et surtout ne me harcèle pas car je pourrais devenir violent. »

C'est une drôle d'impression que j'ai à la réception de ce mail. Profondément triste, je ne me sens plus totalement humaine. Il me semble que je ne suis plus une femme mais simplement un homme biodégradé.

Qu'aimait-il en moi ? Une personne, un stéréotype ? Ne peut-il pas comprendre que j'agis par sincérité, parce que moi j'éprouve quelque chose de réel et de vrai pour lui, en retour de ce qu'il éprouve pour moi ? Et puis pourquoi cette violence, que se serait-il donc passé si je lui avais dit la vérité les yeux dans les yeux ?

« Il t'aurait peut-être tuée, comme Hélène, qui a parlé à son compagnon après un an de vie commune. »

C'est Florence, la juriste de mon association, qui me répond. Tuée ? Oui, à coups de couteau. Que suis-je donc devenue pour mériter un tel traitement ? Quelle est la vraie raison derrière tout cela ? Le sentiment d'avoir été trompé... Mais un an ou bien six mois après, cela a-t-il toujours autant d'importance ? Peut-être que c'est aussi notre culture et que ces nouvelles Ève de laboratoire sont considérées comme bien pires que les Ève génétiques car elles connaissent les hommes aussi bien qu'eux-mêmes ?

C'est mon analyste qui m'apporte la réponse :

« Mathilde, ce que vous appelez justement votre "réassignation sexuelle" est une transgression aux yeux de la plupart des gens. La mutilation volontaire que vous avez tellement souhaitée est aussi une castration, c'est-à-dire la transgression la plus grave qui soit, avec le suicide. Pour une très large majorité, il y a un rejet profond de cette castration. C'est une angoisse viscérale qu'elle inspire. Pour certains hommes, quand elle se réalise via un de leur semblable, vous par exemple qui l'avez fait sur vous, cela peut aller jusqu'à inspirer une horreur inconsciente qui peut induire le meurtre... Il faut le savoir et faire avec. »

Je peux donc inspirer une horreur telle qu'elle pourrait provoquer ma mort. Moi qui me suis sentie victime une grande partie de ma vie, voilà que, à mon tour, je deviens le bourreau de mes amants qui, en retour, pourraient me tuer ?

Difficile de composer avec ça. Difficile d'aimer à nouveau. Parler tout de suite fait fuir, parler plus tard risque de faire mourir…

« Faire avec. » Je ne l'oublierai pas. Mais qu'importe, maintenant je suis libre car j'ai choisi de vivre.

Postface

C'est l'histoire d'un combat entre un genre et un sexe, l'histoire d'un duel entre un état existant et des comportements enseignés. Quand l'enfant vient au monde, on regarde son sexe pour savoir s'il est mâle ou femelle. L'éducation va alors le confirmer dans son genre, l'accorder aux stéréotypes établis. À l'école, j'ai appris à faire des analyses grammaticales. Je devais déterminer le genre et le nombre du substantif ou de l'adjectif concerné : masculin ou féminin, singulier ou pluriel. À cette même époque, il y avait des mots tabous, interdits. « Sexe » faisait partie de ces proscrits. Aujourd'hui, c'est le contraire, on parle de sexe à tout-va et on n'ose plus parler de genre. C'est que, derrière tout cela, rôde le fantôme de la terrible théorie qui porte le même nom. Certains, pour éviter le mot maudit, le disent en anglais et sous l'appellation *gender* s'autorisent à parler à mots couverts de ce problème si sulfureux de la distinction entre l'inné et l'acquis.

Ce chapitre est écrit au masculin avec des fautes d'accord qui n'en sont pas car, pour moi, je ne suis que femme, même dans le passé, malgré les apparences. Souvent les gens qui me connaissent d'avant me reprennent si j'évoque un souvenir au féminin. Aujourd'hui ceux qui savent, parce que prévenus, mettent mon « e » féminisant entre parenthèses. Ils se trompent et me blessent durement. J'étais simplement une femme piégée dans un corps d'homme, par un caprice inconnu de la nature ou de la génétique, un animal mythologique, un(e) Tirésias. C'est pour affirmer cela que j'ai voulu écrire ce livre.

J'avais donc deux moi. Un homme et une femme : une Ève interdite et un homme parfois caricatural qui cherchait le risque pour s'affirmer et le danger mortel pour en finir avec sa dualité. C'est ainsi que l'homme que je ne voulais pas être a pratiqué la moto à des vitesses imbéciles, a filmé des révolutions, a mis sa vie en danger en Amérique latine ou ailleurs. Mais c'était aussi le temps des témoignages et des émotions cachées devant la douleur des autres, le temps des ressentis contenus parce qu'ils risquaient de me trahir.

J'ai toujours, dans toutes les étapes de ma vie, laissé un peu de place dans mon armoire pour y cacher des vêtements doux qui m'autorisaient des récréations quand j'en avais le temps et des respirations quand le temps me manquait. Je m'en suis toujours cachée. Ma vie fut exclusivement hétérosexuelle. Elle commença par une expérience, destinée à me prouver ma virile normalité. J'en eus deux enfants. Puis beaucoup d'autres aventures au cours desquelles je m'identifiais à ma partenaire, violant sans joie sa frontière naturelle sans vouloir la conquérir pour autant. J'eus deux autres enfants. Et puis j'ai rencontré Anne, une femme pour laquelle j'ai ressenti une passion que je n'avais jamais connue. De dix-neuf ans ma cadette, elle passa quinze ans de sa vie avec moi et me donna un bonheur dont je ne connaissais même pas l'existence. C'est elle qui voyant mon mal-être récurrent me poussa à parler, à avouer, comme disaient mes confesseurs. C'est simplement parce que je l'aimais que je trouvai la force de le faire. Son amour pour moi en fut détruit.

Grâce aux hasards de mon existence, je me suis retrouvée seule dans un appartement que nous occupions naguère à quatre. Ce célibat m'autorisa à laisser vivre ma féminité. Cette solitude me permit aussi le contact avec l'inconnu, celui qui ne connaît de vous que ce que vous lui montrez par écran et clavier interposés. Peu à peu le temps du féminin augmenta. Pour éviter à mon sexe de se manifester durant ces périodes, je lui infligeais des sollicitations jusqu'à épuisement total, jusqu'à la blessure handicapante. Ainsi castrée de fatigue je pouvais enfin vivre telle que j'étais.

Que ce soit pour des raisons administratives, religieuses ou morales, quand on avait pris la décision de changer de genre, il fallait aux yeux du corps médical commencer par montrer sa détermination. Au début des années 2000 une personne qui voulait changer de genre était encore considérée comme une folle. Cette longue route a commencé pour moi par la recherche d'une endocrinologue qui accepterait de me prescrire une hormonothérapie. Mon premier praticien conclut notre entretien par une fin de non-recevoir : j'eus droit à une prescription de vitamine D. Mon deuxième fut dans le déni. Il voulut convoquer ma femme car il n'était pas possible de prescrire sans voir la patiente ! Enfin la troisième m'informa de l'existence d'une filière qui pouvait conduire à ma prise en charge.

C'est à l'hôpital Cochin qu'opérait le docteur Benichou. Elle parlait fort, semblait sûre de tout, surtout d'elle-même. J'ai passé en une journée un nombre d'examens incroyable en un minimum de temps. Parfois elle passait la tête à la porte de ma chambre pour me demander comment ça allait. Malgré le volume de sang prélevé en constante augmentation, je répondais « Bien », puisque j'étais enfin sur la bonne voie. En début d'après-midi, elle revint me voir et m'annonça qu'elle allait procéder en fin de journée à mon analyse psychologique. Soumise parce que je voulais que ma demande aboutisse, je répondis de mon mieux à toutes ses questions : ce que j'aimais quand je faisais l'amour ? Et qu'est-ce que cela m'apportait d'écarter les jambes autour de celles de ma partenaire ? Pouvais-je me passer de jouir ? Est-ce que je réalisais que je ne serais jamais une femme puisqu'il était bien évident que je ne pourrai pas avoir d'enfants ! Ce fut mon seul énervement durant cet interrogatoire imbécile. J'ai haussé la voix pour lui dire que j'en avais déjà quatre, que mon désir était donc comblé et que, quoi qu'il arrive, il était rare de pouvoir procréer à cinquante-huit ans.

Je reçus les conclusions du docteur Benichou trois semaines plus tard. Elles affirmaient que je souffrais bien d'une dysphorie de genre malgré un caryotype normal et que je pouvais m'engager dans la filière de l'assistance publique qui commençait par des entretiens avec un psychiatre. Je devais aussi, sans prendre la moindre hormone, montrer ma détermination en vivant en femme en permanence durant trois ans avant de pouvoir me faire opérer. Cette femme médecin m'emmenait droit au suicide et je pris la décision de me soigner seule, en achetant le traitement dont j'avais besoin sur Internet. Je ne sais pas ce que j'ai pris. En tout cas j'eus des migraines violentes et un petit kyste au sein. La peur d'échouer me fit alors contacter une association qui pilotait les candidates à la réassignation chirurgicale. Après m'avoir fait promettre l'arrêt total du tabac, la gynécologue recommandée par l'association commença mon hormonothérapie. En sortant de chez elle, son ordonnance à la main, je suis restée assise sur le seuil de son immeuble et j'ai pleuré de bonheur en jetant mes cigarettes au ruisseau. Enfin j'avais pris le train que j'avais si souvent renoncé à prendre. Un an après, toujours grâce à ces bénévoles, j'avais un certificat psychiatrique qui disait ma bonne santé mentale malgré « mon désir de mutilation sexuelle ».

Un an plus tard, dans un aéroport de Bangkok fleuri de milliers d'orchidées blanches, je fus accueillie par un amour de femme, la secrétaire du docteur Chet. Elle avait été une intersexuée, une personne possédant des attributs des deux genres, mal diagnostiquée par le médecin de son village. On choisit pour elle le genre masculin malgré quelques évidences féminines. Traitée à la testostérone, Dannie devint donc un homme que ses parents, sûrs de leur choix, poussèrent à devenir commando. Malgré tous ses efforts pour être conforme à ce qu'on lui avait dit qu'elle était, elle ne se voyait pas survivre sans avoir recours à une chirurgie de réassignation. Elle est aujourd'hui, à la suite d'un parcours difficile et plein de souffrances supplémentaires dues à cette virilité provoquée et choisie pour elle par autrui, une femme heureuse qui aide bénévolement celles qui sont en attente de leur mise en conformité.

Le docteur Chet est un Thaïlandais parlant anglais avec un accent qui rebondit de mot en mot. Il m'examina puis m'assura qu'il allait me faire un très beau vagin qui me rendrait pleinement heureuse. Auparavant, il m'imposa trois jours de jeûne. Pour être admise à l'hôpital, je dus montrer mes certificats médicaux et psychiatriques. Ils furent examinés avec soin par une jeune *nurse* tout sourire qui vérifia si j'étais heureuse d'être là. Dans ma chambre, on m'équipa d'un bracelet siglé « Mathilde » et on m'annonça mon opération pour le début d'après-midi.

Le réveil fut extrêmement douloureux, le docteur Chet était à mon chevet, il me dit que ça n'avait pas été facile, que l'opération avait duré près de sept heures… Avec un rictus que j'essayai de transformer en sourire, je le remerciai pour ma renaissance. Il me condamna à rester avec un gros triangle de mousse qui m'empêchait de fermer les jambes durant une quinzaine de jours au moins. La douleur était parfois si vive et si profonde que j'avais droit à de la morphine. La dose devait être forte car au fur et à mesure de l'injection, un curieux froid semblait me « remplir » de haut en bas, effaçant rapidement les zones douloureuses. Apparurent aussi dans ma tête quelques images délirantes. J'évoluais dans une bande dessinée genre manga. Bien sûr, j'en étais l'héroïne invincible et je me vengeais de tous ceux qui avaient tenté d'empêcher ma transition. Le docteur Benichou fut une de mes principales victimes. D'un coup de pistolet à rayons, je fis disparaître ses enfants, lui assurant qu'elle était trop vieille et qu'elle ne pourrait plus jamais en avoir et qu'elle allait donc devenir un homme. Elle me suppliait mais je restai inflexible.

Il y eut encore d'autres jours avec morphine avec de nouvelles victimes de mes délires. Et puis un jour, on m'annonça mon *unpacking*. On allait défaire l'emballage.

Au bout de mon lit, le docteur opéra en coupant les bandes les unes après les autres. Autour de lui, les infirmières regardaient, attendant le lever de rideau. Ce furent des exclamations qui accueillirent celui-ci « magnifique », « si beau », « adorable »… Mais au fond des yeux de mon chirurgien, je voyais bien qu'il n'était pas totalement satisfait. Il m'annonça que je devrais subir une petite intervention pour une retouche. Je demandai si je pouvais voir moi aussi. Alors il prit une photo et me la montra. Je n'aime toujours pas beaucoup les films d'horreur mais ce que je voyais aurait pu inspirer un réalisateur de ce genre de spectacle. C'était une sorte de grosse gorgone en gestation, faite de serpents de chair s'imbriquant les uns dans les autres, lovés sur eux-mêmes… j'étais atterrée. Parmi tout cela, le praticien me montra un repli violet, cause de l'asymétrie qui le chagrinait. Je le crus sur parole et j'écartai l'appareil photo.

Je fus donc corrigée de cette petite erreur et il y eut de nouvelles petites souffrances. Je reçus enfin mon certificat. Il ressemblait à un diplôme de fin d'études primaires. Entourée de feuilles artistiquement disposées, la description de l'intervention du chirurgien y était détaillée.

Vient le moment du retour après une convalescence confortable sur le bateau de Dominique. Dannie, la secrétaire de Chet, est présente à l'aéroport avec moi. Elle demande pour moi un fauteuil roulant car les couloirs de l'aéroport de Bangkok sont très longs et marcher ne se fait pas encore sans effort ni sans douleur. À l'entrée de la salle d'embarquement, elle me quitte en me mettant en garde : « Tu vas maintenant subir l'épreuve du “tamis à cons”. » Je l'interroge du regard. « Oui, autour de toi, tu vas voir qui va rester et qui va partir et, crois-moi, on ne s'attend pas à tout ! » Elle a raison.

Dans l'avion d'Air France, il n'y a pas grand monde. Je m'assieds à ma place, sur un coussin fourni par l'hôpital en forme de *donut* qui m'évite une trop forte pression sur des cicatrices encore sensibles. Mon siège est situé à la limite de la classe affaires avec ses fauteuils spacieux et confortables qui me tendent leurs larges accoudoirs. Au bout d'une heure de vol, ma position devient si inconfortable que je demande au chef de cabine si je peux profiter d'un fauteuil disponible pour les dix heures de voyage restantes. Apercevant le coussin bizarre que je tiens dans ma main, son sourire disparaît et il me dit que ce ne sera pas possible. Les personnels de cabine de la compagnie française voient souvent passer des opérées comme moi. Pas de chance, je suis tombée sur un de ces réactionnaires qui ne connaissent de la féminité que ce que la Bible leur en a appris.

Le tamis à cons annoncé par Dannie a continué de bien fonctionner, les amis sont venus voir la « créature », ils ont admiré son courage et puis ils sont repartis, la plupart pour toujours. Les clients ont compris mon parcours mais ne m'ont plus fait travailler, malgré le peu d'usage de la verge dans une prise de vue. La famille m'a acceptée, enfin presque toute mais qu'importe ? Ceux qui sont restés autour de moi sont des gens exceptionnels qui aiment leurs frères humains pour ce qu'ils sont. Et c'est cela qui m'est précieux !

Composition et mise en pages : Facompo, Lisieux

Cet ouvrage a été achevé d'imprimer
par l'Imprimerie Corlet à Condé-sur-Noireau
en février 2016

N° d'imprimeur : 180288
Dépôt légal : janvier 2016
Imprimé en France